Autor _ BAKUNIN
Título _ O PRINCÍPIO DO ESTADO E OUTROS ENSAIOS

Copyright _	Hedra 2011
Tradução© _	Plínio Augusto Coêlho
Edições consultadas _	"O Princípio do Estado e Três conferências", em *Œuvres complètes de Bakounine*, Champ Libre, 1979. Vol. VII; *A Comuna de Paris*, Éditions CNT Région parisienne, Paris, 2005.
Corpo editorial _	Adriano Scatolin, Alexandre B. de Souza, Bruno Costa, Caio Gagliardi, Fábio Mantegari, Felipe C. Pedro, Iuri Pereira, Jorge Sallum, Oliver Tolle, Ricardo Musse, Ricardo Valle
Dados _	Dados Internacionais de Catalogação na Publicação (CIP)

Bakunin, M.A. *O princípio do Estado e outros ensaios* (org. e trad. Plínio Augusto Coêlho). – São Paulo : Hedra : 2011. Bibliografia.

ISBN 97-8857715-095-3

1. Sociologia. 2. Anarquismo. I. I. Bakunin, M.A. II. Plínio Augusto Coêlho II. Título III. Sociologia IV. Anarquismo

08-030   CDD-320

Índice para catálogo sistemático:
1. Sociologia : Anarquismo 320

Direitos reservados em língua portuguesa somente para o Brasil

EDITORA HEDRA LTDA.

Endereço _	R. Fradique Coutinho, 1139 (subsolo) 05416-011 São Paulo SP Brasil
Telefone/Fax _	+55 11 3097 8304
E-mail _	editora@hedra.com.br
Site _	www.hedra.com.br

Foi feito o depósito legal.

Autor — Bakunin
Título — O princípio do Estado
e outros ensaios
Organização e tradução — Plínio Augusto Coêlho
Introdução — Eduardo Colombo
Série — Estudos Libertários
São Paulo — 2011

Mikhail Aleksandrovitch Bakunin (Priamukhino, 1814-Berna, 1876) é considerado o fundador do sindicalismo revolucionário e o expoente máximo do que passou a se chamar anarquismo, a partir de sua expulsão da Internacional em 1872. Oriundo de uma família nobre russa, Bakunin rompe com o pai aos 18 anos ao se recusar a ingressar no serviço público e inscrever-se na universidade de Moscou. Passa então a viver como tradutor de autores alemães, como Fichte e Hegel. Em 1840, parte para a Alemanha, onde se encontra com Schelling e um círculo de jovens hegelianos, mas decide mudar-se para a Suíça e, em seguida, para Bélgica, a fim de evitar sua extradição para a Rússia. Em 1844, encontra-se pela primeira vez com Marx e torna-se amigo de George Sand. Em Paris, participa diretamente da revolução de 1848, e em 1849 é feito prisioneiro e condenado à morte por participar da insurreição de Dresden, mas logo é entregue a autoridades austríacas que o deportam para a Rússia (1851), onde é mantido preso por anos na fortaleza Pedro e Paulo e finalmente enviado à Sibéria (1857), de onde foge em 1861, pelo Japão e Estados Unidos. Funda, em Florença (1864), a sociedade secreta anarquista "A Fraternidade Internacional Revolucionária" e passa a viver na Itália. Em 1868, adere à Internacional, mas meses após a Comuna de Paris, no congresso de Haia em setembro de 1872, é expulso da organização, o que provoca a cisão do movimento socialista em duas correntes: a capitaneada por Marx, e a libertária ou anarquista, alicerçada nos princípios federativo e autogestionário. Nas palavras do socialista Filippo Turati, "contar a vida de Bakunin é contar a vida do socialismo e da revolução na Europa durante mais de trinta anos (1840-1876), pois ele contribuiu ou participou de todos os progressos da idéia e dos fatos revolucionários". Bakunin passa os últimos anos de sua vida na Suíça.

O princípio do Estado e outros ensaios (1871) apresenta três importantes textos de Bakunin, escritos em um período de grande efervescência revolucionária, com a constituição de sociedades operárias nas principais cidades francesas, notadamente Lyon, Marselha, Saint-Étienne e, em especial, Paris. Nestes ensaios, Bakunin combate vigorosamente a idéia e o princípio estatistas, denunciando ao mesmo tempo as tentativas de reforma burguesa. Ataca igualmente a religião, segundo ele dominadora e opressora, tal como o próprio Estado.

Plínio Augusto Coêlho fundou em 1984 a Novos Tempos Editora, em Brasília, dedicada à publicação de obras libertárias. Em 1989, transfere-se para São Paulo, onde cria a Editora Imaginário, mantendo a mesma linha de publicações. É idealizador e co-fundador do IEL (Instituto de Estudos Libertários).

Eduardo Colombo é médico e ex-professor de Psicologia social da Universidade de Buenos Aires. Foi redator de *La Protesta* (Buenos Aires) e membro da F.O.R.A. (Federación Obrera Regional Argentina). Radicado na França desde 1968, é redator da revista *Réfractions*, Paris, e membro da CNT. É autor de várias obras sobre anarquismo publicadas em espanhol, francês, italiano, inglês e português, dentre elas, *Análise do Estado* (Imaginário, 2001) e *Anarquismo, obrigação social e dever de obediência* (Imaginário, 2003).

Série Estudos Libertários: as obras reunidas nesta série, em sua maioria inéditas em língua portuguesa, foram escritas pelos expoentes da corrente libertária do socialismo. Importante base teórica para a interpretação das grandes lutas sociais travadas desde a segunda metade do século XIX, explicitam a evolução da idéia e da experimentação libertárias nos campos político, social e econômico, à luz dos princípios federalista e autogestionário.

SUMÁRIO

Introdução, por Eduardo Colombo 9

O PRINCÍPIO DO ESTADO E OUTROS ENSAIOS   **25**

O princípio do Estado 27

Três conferências 59

A Comuna de Paris e a noção de Estado 111

INTRODUÇÃO

A Revolução assombrava os espíritos às vésperas da Guerra Franco-Prussiana.[1] Em novembro de 1869, Eugène Varlin escreve a Albert Richard, membro da Internacional em Lyon:

> A supressão de todas as instituições que nos importunam será fácil, estamos todos, aproximadamente, de acordo em relação a isso; mas a edificação será mais difícil [...]. Devemos nos apressar, os tempos aproximam-se.[2]

A cidade de Lyon tornou-se o lugar de uma forte agitação revolucionária, e a Internacional conseguira ali sua implantação. Dizia-se de Lyon que ela era "a capital do socialismo" e também "a cidadela francesa do bakuninismo".[3]

Após o Congresso de Basiléia (setembro de 1869) – congresso que viu surgir duas minorias, proudhoniana e marxista, ante uma maioria federalista e antiautoritária –, a Internacional desenvolve-se um pouco em toda a parte. Varlin, quando informa sobre o Congresso, mostra suas preferências pela tendência federalista e antiestatista.

---

[1] Este texto foi redigido fundamentalmente com base nas "introduções" que Arthur Lehning consagrou aos volumes VII e VIII de Bakunin, *Oeuvres complètes*, Champ Libre, Paris, 1979-1982.

[2] Idem, Ibidem.

[3] Cf. Rougerie, *Paris insurgé: La Commune de 1871*, Paris, Gallimard, 1995.

INTRODUÇÃO

Durante os primeiros meses de 1870 um vento de revolta agita o proletariado; novas sociedades operárias constituem-se em Marselha, Limoges, Rouen, Saint-Étienne, enquanto a organização cresce em Lyon e Paris.

Militantes ativos formam uma rede informal; põem-se de acordo, trocam opiniões, informações, e buscam coordenar as greves e o apoio solidário nas diferentes regiões: Varlin (encadernador) em Paris, André Bastelica (empregado de comércio e tipógrafo) em Marselha, Émile Aubry (litógrafo) em Rouen, Richard, Gaspard Blanc e Louis Palix (alfaiate) em Lyon, ou ainda, Gaspar Sentiñón (médico) em Barcelona. Este escreve a Varlin para regozijar-se com a atividade dos internacionalistas na organização da Federação das Sociedades Operárias de Paris. A Federação tem como objetivo imediato a resistência e, num prazo mais dilatado, "a emancipação total dos trabalhadores numa nova ordem social, na qual o salariado será abolido". A Federação das Sociedades Operárias de Marselha constitui-se paralelamente àquela de Paris. E Bastelica escreve que "a federação parisiense deve tornar-se o foco da revolução social". Bakunin, que residia em Locarno, desde novembro de 1869, não é completamente dessa opinião. Todavia, ele se esforça, com uma incansável atividade, para estreitar os laços entre os membros da Internacional que poderiam influenciar o conteúdo socialista e antiestatista da revolução e opor-se ao radicalismo burguês e jacobino. Mantém com esses militantes uma relação continuada: reuniões, abundante correspondência, códigos cifrados. Não só com eles, mas também com James Guillaume, em Genebra; Carlo Gambuzzi, na Itália; Farga Pellicer, em Barcelona; seu velho amigo Ogarev, entre outros.

Desde os anos 1860, Bakunin aguarda a queda do Segundo Império e pensa que ela será a ocasião de um movimento revolucionário que deveria sacudir a Europa.

O governo de Napoleão III tenta impedir o desenvolvimento da Internacional na França: vários processos contra a associação sucedem-se. Em 5 de julho de 1870, trinta e quatro militantes operários são condenados a penas de prisão que vão de dois meses a um ano. É nesse mesmo dia que, comentando a candidatura de um Hohenzollern ao trono da Espanha, o ministro das relações exteriores do Império francês exclama: "Se a Prússia insiste, ela terá a guerra". Napoleão, "o pequeno", deseja-a para restaurar o império autoritário.

Tendo a guerra sido declarada pela França em 19 de agosto, a opinião de Bakunin é que o Império em plena decomposição será derrotado pela Prússia, e que sua derrota desencadeará uma revolução. A tarefa da Internacional será a de transformar a guerra patriótica em guerra revolucionária e ampliá-la com a sublevação de cidades na Espanha, na Itália e dali até os povos eslavos. Mas, de início, ele conta com a insurreição de grandes cidades no sudeste, em Marselha e, sobretudo, em Lyon, "a revolucionária".

Desde as primeiras notícias das vitórias alemãs, ele expõe seu plano revolucionário num longo manuscrito, que trará o título de *Lettres à un Français* [Carta a um francês], destinado ao lionense Gaspard Blanc. Bakunin escreve: "Não será Paris que poderá assumir desta vez a iniciativa da autêntica revolução, a iniciativa caberá às províncias".

Para Auguste Blanqui ou para os radicais jacobinos, a união nacional tornava-se uma prioridade que relegava para mais tarde a questão social. Aliar-se ao novo governo de Defesa Nacional significava, evidentemente, a colaboração de classes e o abandono da revolução. Conhecemos a opinião de Marx sobre a guerra contra os franceses: "Os franceses precisam de uma surra. Se os prussianos forem vitoriosos, a centralização do *state power* será útil à concentração da classe operária alemã". E, em nome do Conselho Geral da Internacional, em 9 de setembro de 1870, Marx escreve: "Toda tentativa de derrubar o novo governo, quando o inimigo quase bate às portas de Paris, seria uma loucura desesperada".

Bakunin fazia uma avaliação mais exata da situação: a derrota francesa não deveria provocar só a queda do regime, mas igualmente a desintegração do aparelho militar e administrativo e, em conseqüência, a dissolução da máquina de Estado. A situação tornar-se-ia favorável à ação revolucionária.

Havia alguns anos suas idéias sobre o método e a estratégia insurrecional tinham ganhado forma nos diferentes manuscritos. Por exemplo, em *Catecismo revolucionário* de 1866, ele sublinha que a base de toda organização política deve ser a comuna autônoma.

Assim, a forma política futura pode ser pensada como uma federação de províncias autônomas e, para alcançar esse objetivo, o fim da revolução social "é a dissolução radical do Estado centralista, tutelar, autoritário, com todas as instituições militares, burocráticas, governamentais, administrativas, judiciárias e civis. É, em resumo, a liberdade devolvida a todo mundo, aos indivíduos bem como a todos os corpos coletivos, associações, comunas, províncias, regiões e nações, e a garantia mútua dessa liberdade pela federação".[4]

A tática de Bakunin precisa-se na *Carta a um francês*, texto no qual trabalha sem descanso durante as últimas semanas de agosto até 9 de setembro, dia em que abandona Locarno para dirigir-se a Lyon e tomar parte na insurreição que ali se prepara.

Ele sempre sustentou que a iniciativa revolucionária cabia ao proletariado urbano, que são os trabalhadores das cidades que têm o instinto e a possibilidade de adquirir a consciência, a idéia da revolução social: a eles, pois, ter a vontade de fazê-la.

Entretanto, a revolução sucumbiria se os camponeses, se os habitantes do campo, não fossem levados a adotá-la e a participar. É preciso extirpar a reação do campo assim como das cidades, mas:

[...] com que direito os operários imporão aos camponeses uma forma de governo ou organização econômica qualquer? [...] Quando, em nome da revolução, quer-se fazer um Estado, ainda que um Estado provisório, faz-se, pois, reação e trabalha-se para o despotismo, não para a liberdade: para a instituição do privilégio contra a igualdade.[5]

Bakunin releva o fato de que existe uma incompreensão e, em conseqüência, uma oposição entre o so-

---

[4] Texto reproduzido por Daniel Guérin em *Ni Dieu, ni maître*, Paris, Delphes, s.d., p. 215.

[5] Bakounine, "Lettre à un Français", em *Oeuvres complètes*, vol. 7, p. 58.

cialismo mais esclarecido das cidades e "o socialismo primitivo, natural e muito mais selvagem do campo". Quem quer que deseje a revolução deve resolver esse antagonismo fatal. É verdade que os camponeses são mais supersticiosos e beatos, e deixam-se conduzir pelos padres, que são devotados ao Imperador, que são partidários furibundos da propriedade individual, mas não lhes falta o instinto de justiça e um profundo bom senso. Isso lhes permitiu, após 1789, comprar os bens da Igreja malgrado as maldições e as ameaças de excomunhão. Os fatos revolucionários devem poder falar à sua consciência. Mas há uma coisa que não se deve fazer, uma coisa *completamente anti-revolucionária*: é a abolição

por decreto de todos os cultos públicos e ordenar por decreto a expulsão violenta de todos os sacerdotes. De início – ele reafirma – sou o *inimigo absoluto da revolução por decretos*, que é uma conseqüência e uma aplicação da idéia do *Estado revolucionário* – isto é, da *reação ocultando-se por trás das aparências da revolução*. Ao sistema dos decretos revolucionários, *oponho aquele dos fatos revolucionários*, o único eficaz, conseqüente e verdadeiro.[6]

Há um outro ponto capital ao qual Bakunin retorna constantemente: não se deve esperar o sinal de Paris; nada prova que o movimento revolucionário deve infalivelmente começar em Paris. As províncias, sobretudo as cidades principais, tais como Lyon, Marselha, Rouen, não devem esperar o decreto de Paris para sublevar-se. Para isso, a razão política é fundamental e em

---

[6] Ibidem, p. 50.

contradição com o esquema jacobino tradicional que adormece oculto no cérebro dos revolucionários.

A revolução deve ser e deve permanecer em toda parte, independentemente do ponto central, que deve ser a expressão, o produto, e não a fonte, a direção e a causa.[7]

Assim, durante esses primeiros dias de setembro, os acontecimentos precipitam-se. Na manhã de 4 de setembro, Lyon, Marselha e Toulouse proclamam a República ao mesmo tempo que Paris. Um Comitê de Segurança geral apodera-se, em Lyon, da chefatura de polícia, e a direção é assegurada por François Parraton, tecelão de 24 anos, militante da Internacional, que será muito ativo durante as jornadas revolucionárias.[8] Nesse mesmo 4 de setembro, Bakunin escreve a Richard:

A situação é clara, repito; se os operários de Lyon e de Marselha não se levantarem imediatamente, a França e o socialismo europeu estarão perdidos.[9]

A caminho de Lyon, Bakunin detém-se em Neuchâtel durante a noite de 11 de setembro para discutir com James Guillaume a situação da Internacional, e para convir possibilidades de imprimir sua análise da situação na França e seu programa de ação. Guillaume põe-se ao trabalho e apressa-se nas correções e na impressão, e a brochura sairá por volta de 20 de setembro, com um título levemente modificado, *Lettre à*

[7] *Lettre à Richard*, 1º de abril de 1870, vol. 7, pp. 279-280.
[8] François Parraton é condenado em setembro de 1871 pelo Segundo Conselho de Guerra à deportação para uma fortaleza; morrerá no cativeiro em 1874.
[9] *Lettre à Richard* (assinado Benoît), em 4 de setembro de 1870, vol. 7, p. 289.

un Français sur la crise actuelle. É um texto que aparece sem nome do autor, nem do tipógrafo, nem indicação de local, e muito modificado pelo próprio Guillaume. A brochura chegará a Lyon em 28 de setembro, demasiado tarde para influir na marcha dos acontecimentos.

Na noite ou na madrugada de 15 de setembro, Bakunin, acompanhado de Ozerov e Lankiewicz,[10] chega a Lyon, "uma cidade onde reinava o desperdício", onde nem mesmo os membros da Internacional tinham uma idéia clara do que devia ser feito, onde se agitavam os líderes radicais e também os intrigantes prontos a trair, como o assinalará mais tarde James Guillaume. Seria possível, em meio à essa grande confusão, organizar a sublevação popular? Bakunin tentará.[11]

Ao chegar, entra em contato com seus amigos íntimos, todos membros da Internacional. Diferentes comitês têm sede na cidade, ao lado do Comitê Central da Salvação da França. Entre os dois comitês estabelece-se um entendimento com vistas a uma ação comum.

Todavia, reunir numa única vontade revolucionária os desejos, as opiniões, os interesses diversos dos burgueses radicais e dos operários federalistas é uma tarefa difícil. Bakunin incita à insurreição. Em 25 de setem-

---

[10] Vladimir Ozerov, revolucionário polonês, amigo de Dombrowski e futuro chefe militar durante a Comuna de Paris. Walenty Lankiewicz tomou parte na insurreição polonesa de 1863 com Ozerov. Em 1871, ele se encontrava em Paris; tombou nas barricadas da Comuna.

[11] Conferir James Guillaume, *L'Internationale*, vol. II, terceira parte, p. 91.

bro, redige uma proclamação que "apela ao povo para derrubar todos os poderes que permanecem e que são nocivos".[12] Lido numa grande assembléia na Rotonde, em 26 de setembro, o manifesto proclama a abolição do Estado e a federação revolucionária das comunas[13] e conclui-se em favor do apelo "Às armas!". Será o famoso "cartaz vermelho", impresso em papel vermelho-violeta, e afixado no dia seguinte em todos os muros da cidade.

Em uma nova reunião, na sala da Rotonde, em 27 de setembro, Bastelica conclama uma vez mais às armas. Entretanto, os membros dos comitês hesitam. Na mesma noite, o Comitê da Salvação da França e o Comitê Central federativo, sob a proposta de Bakunin, unificam-se num Comitê de permanência revolucionária e tentam organizar a grande manifestação prevista para o dia seguinte. Bakunin e alguns outros membros do comitê insistem: a manifestação deve ser armada, mas a maioria decide o contrário. Enorme contradição, não se pode conclamar publicamente às armas e apresentar-se desarmados diante da força pública.

No dia 28, ao meio-dia, uma coluna de milhares de operários desemboca na Place des Terreaux e invade a prefeitura. Do alto da varanda, Saignes[14] lê o manifesto "Federação revolucionária das comunas".

[12] *Carta de Bakunin a Ogarev*, 25 de setembro de 1870.
[13] Abolição do Estado e a federação são apresentadas como princípios de organização do campo revolucionário e não como uma dissolução mágica dos poderes políticos existentes, o que Marx não havia compreendido ou desejado compreender.
[14] Eugène-Bernard Saignes, estucador e pintor, membro da Internacional de Lyon. Após o fracasso da insurreição, refugia-se em Genebra.

INTRODUÇÃO

Bastelica e Richard vão sublevar os bairros populares, e o general Cluseret,[15] nomeado "general-em-chefe dos exércitos revolucionários e federativos do sul da França", é encarregado de conclamar às armas os guardas nacionais da Cruz Vermelha; ele lança o apelo, mas pede ao povo para ir sem armas. Bakunin acusa-o de traição,[16] e Lankiewicz quer dar um tiro no general.

Enquanto isso, o chefe de polícia recebe do governo um decreto confiando-lhe os plenos poderes civis e militares, e os guardas nacionais burgueses acorrem à Place des Terreaux. Na prefeitura ainda se encontravam armados inúmeros partidários do Comitê revolucionário, mas os manifestantes na praça, não vendo chegar os reforços, retiram-se pouco a pouco. A sublevação de Lyon fora vencida.

Bakunin, depois de ter permanecido mais um dia escondido em Lyon, parte para Marselha em companhia de Lankiewicz. Abriga-se ali numa pequena morada do bairro do Pharo. O perigo de ser preso era grande: além do processo aberto contra ele pelo governo francês, era procurado pelas autoridades da Rússia e da Prússia.

---

[15]Gustave-Paul Cluseret, malgrado o fato de ter comandado a guarda móvel contra os combatentes de junho (1848) e sua participação mais do que negativa nos acontecimentos de Lyon, foi membro da Comuna de Paris em 1871, e, incompreensivelmente, foi nomeado delegado para a Guerra; depois destituído, retornou à França em 1884. Durante o caso Dreyfus, tomou partido pelo exército e ingressou na Liga dos Patriotas.

[16]O mesmo Cluseret reconhece-o em uma carta: "Longe de encorajar o movimento do 28 de setembro no qual eu estava envolvido inconscientemente, contribuí para abortá-lo". *La Patrie Suisse*, Genebra, 8 de outubro de 1874.

Bismarck imaginava que ele poderia ser feito prisioneiro por suas tropas que invadiam a França, e assim ele seria uma vez mais enviado a Petersburgo.

Durante a primeira quinzena de outubro, Bakunin aproveita-se da inatividade forçada para escrever 114 páginas que assumirão a forma, habitual para ele, de carta a um amigo, dessa vez endereçada a Louis Palix.[17] É uma espécie de continuação da *Carta a um francês*, que, remanejada, tornar-se-á uma brochura inicialmente intitulada *A revolução social ou a ditadura militar*, e que, reelaborada mais tarde, constituirá a substância de *O Império cnuto-germânico e a revolução social*.

Naquele mês, Bakunin não perdeu toda a esperança; ele pensa que a revolução ainda é possível na França e que ela revolverá a Europa. Será uma revolução não só política, mas também social. E, quando deixar de crer nisso, quando a vaga insurrecional tiver diminuído, e a força popular uma vez mais barrada, ele continuará a escrever:

Só a revolução universal é assaz forte para derrubar e quebrar a potência organizada do Estado, apoiada por todos os recursos das classes ricas. Mas a revolução universal é a revolução social, é a revolução simultânea do povo do campo e daquele das cidades. É aí que se deve organizar – porque sem uma

---

[17] Louis Palix, alfaiate, livre-pensador, militante da Internacional, foi delegado no Congresso de Lausanne (1867) e no de Basiléia (1869) da AIT (Associação internacional dos trabalhadores).

organização preparatória, os elementos mais poderosos são impotentes e nulos.[18]

Munido de um falso passaporte, barba raspada, usando óculos, Bakunin embarca num navio para Gênova. Está de volta a Locarno em 27 de outubro.

Em plena guerra continua a agitação na França. Lankiewicz, que havia retornado a Lyon, e Gaspard Blanc são presos durante uma reunião clandestina, e a polícia apreende uma carta e um "dicionário secreto" de Bakunin.

Quando a Comuna nasce em Paris, em 18 de março de 1871, a bandeira vermelha[19] tremula na torre da prefeitura e uma série de insurreições de cidades do sudeste da França sucedem-se. Mas todas fracassam, uma após outra.

Lyon, uma vez mais, subleva-se em 22 de março; Saint-Étienne, 24; Le Creusot, 26. Toulouse, por sua vez, proclama a Comuna e mantém-se de 23 a 27 de março; Narbonne, de 24 a 31; Marselha, de 23 de março a 4 de abril, dia em que a sublevação será esmagada pelo exército. E de novo Lyon: em 30 de abril, a Comuna é proclamada pela terceira vez em La Guillotière. Paris havia enviado delegados e barricadas haviam sido ali erguidas. La Guillotière foi tomada com canhões e baionetas.

---

[18] "Circulaire à mes amis d'Italie, pour le 1er novembre 1871", *Oeuvres complètes*, vol. 2, *L'Italie 1871-1872*, p. 303.

[19] Mais tarde, em uma outra ocasião, Louise Michel dirá: "A manifestação implicava o porte da bandeira negra, bandeira da miséria e bandeira das greves, em vez do porte da bandeira vermelha, pregada nos túmulos da Comuna".

Os meses de abril e maio viram muitos projetos germinar em Genebra ou no Jura para ir ao socorro de Paris. O último, talvez, foi a idéia de alguns internacionais de proclamar a Comuna em Besançon com a ajuda dos jurassianos, mas enquanto se deliberava em Neuchâtel, em 21 de maio, os versalheses entravam em Paris.

A Comuna havia lançado um apelo às províncias: "Às grandes cidades... O que esperais para levantar-vos?... Bastantes simpatias platônicas. Tendes fuzis e munições: às armas! De pé, cidades da França".

A sublevação da província era a obsessão de Bakunin, sem a qual – pregou isso incansavelmente – a reação venceria.

Depois de ter conversado com James Guillaume, em Neuchâtel, Bakunin foi para Sonvillier, em 28 de abril de 1871, e permaneceu no vale de Saint-Imier até meados de maio. Durante sua estada, pronunciou todas as semanas uma conferência aos operários da região, três no total, que foram publicadas após sua morte sob o título: *Três conferências feitas aos operários do vale de Saint-Imier*.

Desde sua "carta" a Palix, iniciada na clandestinidade em Marselha, Bakunin não cessou de enriquecer esse texto, qualificado num primeiro momento de "esboço patológico da França atual e da Europa", com suas opiniões filosóficas, sociais e políticas, para se tornar um livro no qual estão expostas, de modo às vezes brilhante, como diz Arthur Lehning, suas idéias essenciais. É dele que foram extraídos os fragmentos mais conhecidos de Bakunin. Mas sua publicação foi aleatória. Algumas páginas, compostas em fins de 1870, foram revistas por Guillaume e impressas como brochura em Genebra em 1871, texto que será conhecido sob a denominação de "primeira parte" de *O Império cnuto-germânico e a revolução social*, difundido desde o mês de maio. Essa brochura de 119 páginas é a única parte do livro publicada enquanto vivia.

Depois que a Comuna – esse "enorme fato histórico", essa "negação audaciosa" do Estado – foi esmagada nas barricadas da Semana Sangrenta, Bakunin retornou a Locarno, levando consigo uma outra parte de seu manuscrito que ele queria preparar para uma segunda parte de *O Império cnuto-germânico*.

Segundo as notas de seu *Carnê* pessoal, Bakunin começa em 5 de junho um *Preâmbulo para a segunda parte*, no qual trabalha até o dia 23. Em 25 de junho, começa uma introdução geral intitulada *Advertência*, que será o último escrito referindo-se a esse livro. Segundo a opinião autorizada de Arthur Lehning, *O Império cnuto-germânico e a revolução social* é a obra-prima do revolucionário russo.

Todavia, assim como a quase totalidade dos escritos de Bakunin, tanto a *Advertência* como o *Preâmbulo* permanecerão inacabados. Outros problemas imediatos solicitam-no: os conflitos na Internacional, a polêmica com Mazzini. Ele ainda escreverá em 1873 a obra *Estatismo e anarquia*, em russo.

Bakunin morre em 1876. Antonia, sua viúva, pediu a um grupo de amigos e militantes para formar um Comitê para a publicação de seus manuscritos inéditos, composto por James Guillaume (Suíça), Rafael

Farga Pellicer (Espanha), Varfolomej Zajcev (Rússia), Élisée Reclus e Arthur Arnould (França), Saverio Friscia, Carlo Cafiero e Emilio Bellerio (Itália).

Élisée Reclus encontrou entre esses inéditos o manuscrito que Bakunin havia denominado *Preâmbulo para a segunda parte* e publicou-o em *Le Travailleur*, um mensal de curta duração, publicado em Genebra em 1877-1878, fundado por um grupo de anarquistas e comunalistas. Foi o próprio Reclus quem deu ao *Preâmbulo* o título pelo qual o texto é conhecido, e com o qual nós o publicamos aqui: *A Comuna de Paris e a noção de Estado*.

Malgrado os esforços de Élisée Reclus, *Le Travailleur* só publicou a primeira parte do *Preâmbulo*, e a segunda, prevista para o número seguinte, não foi editada, pois a revista deixou de existir. O mesmo grupo de militantes, que contava em seu meio vários exilados eslavos, publicou o texto completo, transcrito para a língua russa, numa nova revista, *L'Obscina* (*A Comuna*).

Bernard Lazare publicou em 1892, em *Entretien*, a revista francesa que ele dirigia, a integralidade do manuscrito original.

Esses anos trágicos, mas plenos de esperanças, que viram o desenvolvimento da Internacional, as insurreições das cidades levadas por um ímpeto federalista e comunalista, a resistência heróica da Comuna de Paris e, depois, a cisão da Internacional e o nascimento em Saint-Imier do movimento anarquista, também foram anos criativos nos quais Bakunin formulou, condensando uma vida de revolucionário, sua filosofia social e política.

É desse livro, *O Império cnuto-germânico*, iniciado em um bairro de Marselha, nos dias que se seguiram à insurreição de Lyon, que Reclus soube extrair os dois fragmentos mais difundidos do pensamento bakuniniano – e também do anarquismo – *Deus e o Estado* e *A Comuna de Paris*.

BIBLIOGRAFIA

BAKOUNINE, *Œvres complètes*, Paris: Champ Libre, 1979-1982.

DOLLÉANS, Éduard, *Histoire du mouvement ouvrier*, Paris: Armand Colin, 1957.

GUÉRIN, Damil, *Ni Dieu, ni maître*, Paris: Delphes, s.d.

GUILLAUME, James, *L'Internationale, documents et souvenirs*, 1864–1878, 4 vols., Paris: s.e., 1905–1910

ROUGERIE, Jacques, *Paris insurgé: La Commune de 1871*, Paris: Gallimard, 1995.

RUDE, Fernand, *De la guerre à la Comune*, Paris: Anthropos, 1972.

O PRINCÍPIO DO ESTADO
E OUTROS ENSAIOS

O PRINCÍPIO DO ESTADO
Locarno, março de 1871

No fundo, a conquista não é somente a origem, é também o objetivo supremo de todos os Estados, grandes ou pequenos, poderosos ou fracos, despóticos ou liberais, monárquicos, aristocráticos, democráticos, e até mesmo socialistas, supondo que o ideal dos socialistas alemães, o de um grande Estado comunista, realize-se algum dia.

Que tenha sido o ponto de partida de todos os Estados, antigos e modernos, isso ninguém poderá colocar em dúvida, pois cada página da história universal prova-o suficientemente. Ninguém contestará também que os grandes Estados atuais têm por objeto, mais ou menos declarado, a conquista. Mas os Estados médios, e sobretudo os pequenos Estados, dir-se-á, só pensam em defender-se, e seria ridículo de sua parte sonhar com a conquista.

Ridículo, tanto quanto se quiser, é seu sonho, assim como é o sonho do menor proprietário camponês, aumentar seu domínio em detrimento de seu vizinho; aumentar, crescer, conquistar, a qualquer preço e sempre, é uma tendência fatalmente inerente a todo Estado, qualquer que seja sua extensão, sua fraqueza ou sua força, porque é uma necessidade de sua natureza. O que é o Estado senão a organização da força? Mas é da natureza de toda força não poder suportar nenhuma outra, nem superior, nem igual —, não podendo a força ter outro objetivo senão a dominação, e a dominação só é real quando tudo o que a entrava lhe está subjugado. Uma força só suporta outra quando a isso é obrigada, quer dizer, quando se sente impotente para destruí-la ou derrubá-la. O simples fato de haver uma força igual é a negação de seu princípio e uma ameaça perpétua à sua existência, pois é manifestação e prova de sua impotência. Conseqüentemente, entre todos os Estados que existem, um ao lado do outro, a guerra é permanente e a paz apenas uma trégua.

É da natureza do Estado apresentar-se, tanto para si quanto para todos os seus governados, como objeto absoluto. Servir sua prosperidade, sua grandeza, sua força, é a suprema virtude do patriotismo. O Estado não reconhece outra: tudo o que o serve é bom, tudo o que é contrário a seus interesses é declarado criminoso, tal é a moral do Estado.

É por isso que a moral política foi sempre não só estranha, mas absolutamente contrária à moral humana. Essa contradição é conseqüência forçada de seu princípio: o Estado, sendo só parte, apresenta-se e impõe-se como um todo; ignora o direito de tudo o que, não sendo ele mesmo, acha-se fora dele, e quando pode, sem perigo para si mesmo, viola-o. — O Estado é a negação da humanidade.

Existem direito humano e moral humana absolutos? Nos dias de hoje, vendo tudo o que se passa e se faz, na Europa, é-se bem forçado a se fazer esta pergunta.

Assim, o absoluto existe ou tudo é relativo neste

mundo? O mesmo em relação à moral e ao direito: o que se chamava direito, ontem, não o é mais, hoje, e o que parece moral na China pode não ser considerado como tal na Europa. Desse ponto de vista, cada país, cada época só deveriam ser julgados do ponto de vista das opiniões contemporâneas ou locais, e não haveria nem direito humano universal, nem moral humana absoluta.

Desse modo, depois de termos sonhado com um e outro, quando fomos metafísicos ou cristãos, hoje tornados positivistas, deveríamos renunciar a este sonho magnífico para recair na estreiteza moral da Antigüidade, que ignora até mesmo o nome da humanidade, a ponto de que todos os deuses só foram deuses exclusivamente nacionais, acessíveis unicamente aos cultos privilegiados.

Todavia, hoje, que o céu se tornou deserto e que todos os deuses, inclusive, naturalmente, o Jeová dos judeus, o Alá dos maometanos e o bom Deus dos cristãos, encontram-se destronados, hoje ainda seria pouco: recairíamos no materialismo grosseiro e brutal dos Bismarck, dos Thiers e dos Frederico II, segundo os quais *Deus sempre esteve do lado dos grandes batalhões*, como o disse muito bem este último; o único objeto digno de culto, o princípio de toda moral, de todo direito, seria a força; esta é a verdadeira religião do Estado.

Pois bem, não! Por mais ateus que sejamos, e precisamente porque somos ateus, reconhecemos uma moral humana e um direito humano absolutos. Em todo o caso, trata-se de entender o significado desta palavra, *absoluto*.

O absoluto universal, abraçando a totalidade infinita dos mundos e dos seres, não o concebemos, porque não somente somos incapazes de percebê-lo com nossos sentidos, mas nem sequer podemos imaginá-lo. Toda tentativa desse gênero nos levaria ao vazio, tão amado pelos metafísicos, da abstração absoluta.

O absoluto que nós entendemos é um absoluto muito relativo e, sobretudo, relativo exclusivamente à espécie humana. Esta última está longe de ser eterna: nascida sobre a terra, morrerá com ela, talvez até mesmo antes dela, dando lugar, segundo o sistema de Darwin, a uma espécie mais poderosa, mais completa, mais perfeita. Mas, enquanto existe, possui um princípio que lhe é inerente e que a faz precisamente o que é: o princípio que constitui, em relação a ela, o absoluto. Vejamos qual é esse princípio.

De todos os seres vivos sobre esta terra, o homem é, simultaneamente, o mais *social* e o mais *individualista*. Ele é incontestavelmente também o mais *inteligente*. Existem, talvez, animais que sejam até mais sociais do que ele, por exemplo, as abelhas, as formigas; todavia, são tão pouco individualistas, que os indivíduos pertencentes a essas espécies são absolutamente absorvidos por essas últimas e aniquilados em sua sociedade; existem completamente para a coletividade, nada ou quase nada para si mesmos. Parece que existe uma lei natural, segundo a qual, quanto mais uma espécie animal é desenvolvida na escala dos seres, por sua organização mais completa, mais ela permite em mobilidade, liberdade e individualidade para cada um. Os animais ferozes, que ocupam incontestavelmente o grau mais elevado, são individualistas ao máximo grau.

O Homem, animal feroz por excelência, é o mais

individualista de todos. Mas, ao mesmo tempo, isso é uma de suas características distintivas, eminentes, instintivas, é fatalmente socialista. Isso é de tal forma verdadeiro que sua própria inteligência, que o torna tão superior a todos os seres vivos e que o constitui, de certa forma, senhor de todos, só se pode desenvolver e chegar à consciência de si mesma, em sociedade, e pelo concurso de toda a coletividade.

Com efeito, sabemos muito bem que é impossível pensar sem palavras; fora ou antes da palavra, pode haver, sem dúvida, representações ou imagens das coisas, mas não existe pensamento. O pensamento nasce e desenvolve-se com a palavra. Pensar é, portanto, falar mentalmente consigo mesmo. Mas toda conversação supõe pelo menos duas pessoas, uma sois vós, quem é a outra? É todo o mundo humano que conheceis.

O Homem, indivíduo animal, assim como os animais de todas as outras espécies, tem, tão logo começa a respirar, o sentimento imediato de sua existência individual; mas só adquire a consciência refletida de si mesmo, consciência que constitui propriamente sua personalidade, por meio da inteligência, e, conseqüentemente, em sociedade. Vossa personalidade mais íntima, a consciência que tendes de vós mesmos em vosso foro interior, não é, de certa forma, senão o reflexo de vossa própria imagem, refletida e enviada a vós, como por meio de um conjunto de espelhos, pela consciência tanto coletiva quanto individual de todos os seres humanos que compõem vosso mundo social. Cada homem que conheceis e com o qual vos encontrais em relação, direta ou indireta, determina, mais ou menos, vosso ser mais íntimo, contribui para fazer de vós o que sois, constituir vossa personalidade. Em conseqüência, se estais cercados de escravos, mesmo que sejais senhor deles, implica dizer que sois também escravo, pois a consciência dos escravos não pode refletir senão vossa imagem aviltada. A estupidez de todo mundo embrutece-vos, enquanto a inteligência de todos ilumina-vos, eleva-vos; os vícios de vosso meio social são vossos vícios, e só poderíeis ser um homem realmente livre se estivésseis cercados de homens realmente livres; bastaria a existência de um único escravo para diminuir vossa liberdade. Na imortal Declaração dos Direitos do Homem, elaborada pela Convenção Nacional, encontramos claramente expressa esta verdade sublime: *que a escravidão de um único ser humano é a escravidão de todos.*

Ela contém toda a moral humana, precisamente o que chamamos de *moral absoluta*, absoluta sem dúvida apenas em relação à humanidade, não em relação ao restante dos seres, e ainda menos em relação à totalidade infinita dos mundos, para nós sempre desconhecida. Nós a encontramos em gérmen, mais ou menos, em todos os sistemas de moral que se produziram na história e da qual ela foi, de uma certa forma, como a luz latente, luz que só se manifestou, por sinal, mais amiúde, por reflexos tão incertos quanto imperfeitos. Tudo o que vemos de absolutamente verdadeiro, quer dizer, de humano, deve-se apenas a ela. E como poderia ser diferente, visto que todos os sistemas de moral que se desenvolveram sucessivamente, no passado, assim como todos os outros desenvolvimentos do Homem na história, inclusive os desenvolvimentos teológicos e metafísicos, nunca tiveram outra fonte senão a natureza humana, e foram somente manifestações mais ou menos imperfeitas dessa natureza. Mas essa lei moral que denominamos absoluta, o que é ela senão a expressão mais pura, mais completa, mais adequada, como diriam os metafísicos, dessa mesma natureza humana, essencialmente socialista e individualista simultaneamente?

O principal defeito dos sistemas morais ensinados no passado foi o de ter sido exclusivamente socialista ou exclusivamente individualista. Assim, a moral cívica, tal como nos foi transmitida pelos gregos e pelos romanos, foi uma moral exclusivamente socialista, na medida em que sacrificou sempre a individualidade à coletividade. Sem falar das miríades de escravos que constituíram a base da civilização antiga, que valiam apenas como coisas, a individualidade do cidadão grego ou romano sempre foi patrioticamente imolada em proveito da coletividade constituída em Estado. Assim, quando cidadãos, fatigados dessa imolação permanente, recusaram-se ao sacrifício, os republicanos gregos, de início, e os romanos, em seguida, desmoronaram. O despertar do individualismo causou a morte da Antigüidade.

Ele encontrou sua mais pura e completa expressão nas religiões monoteístas, no judaísmo, no maometismo e principalmente no cristianismo. O Jeová dos judeus ainda se dirige à coletividade, pelo menos sob certos aspectos, pois ele tem um povo eleito, ainda que já contenha todos os gérmens da moral exclusivamente individualista.

Deveria ser assim: os deuses da Antigüidade grega e romana foram, em última análise, apenas símbolos, representantes supremos da coletividade dividida, do

Estado. Ao adorá-los, adorava-se o Estado, e toda a moral que foi ensinada em seu nome não pôde ter, em conseqüência, outro objeto senão a salvação, a grandeza e a glória do Estado.

O deus dos judeus, déspota ciumento, egoísta e vaidoso, resguardou-se, não de identificar, mas somente de combinar sua terrível pessoa com a coletividade de seu povo eleito, eleito para servir-lhe de degrau de predileção máximo, mas não para ousar elevar-se até ele. Entre ele e seu povo sempre houve um abismo. Por sinal, não admitindo outro objeto de adoração senão ele mesmo, não podia suportar o culto do Estado. Adorado, nunca exigiu dos judeus, tanto coletiva quanto individualmente, senão sacrifícios para ele mesmo, nunca para sua coletividade ou para a grandeza e para a glória do Estado.

De resto, os mandamentos de Jeová, tais como nos são transmitidos pelo Decálogo, dirigem-se quase exclusivamente ao indivíduo: só fazem exceção aqueles dentre eles cuja execução ultrapassa as forças de um indivíduo, e exigiria o concurso de todos: por exemplo, a ordem tão singularmente humana que prescreve aos judeus extirpar até o último, incluindo as mulheres e as crianças, todos os pagãos que se encontrassem sobre a terra prometida, ordem verdadeiramente digna do Pai de nossa santa Trindade cristã, que se distingue, como se sabe, por seu amor exuberante por essa pobre espécie humana.

Todos os outros mandamentos dirigem-se unicamente ao indivíduo: não matarás (exceto nos casos muito freqüentes em que eu mesmo ordenarei, deveria ter acrescentado); não roubarás nem a propriedade nem a mulher do próximo (considerada, de uma certa forma, também como uma propriedade); honrarás pai e mãe. Mas sobretudo tu me adorarás, a mim, o deus ciumento, egoísta, vaidoso e terrível, e se não quiseres sofrer a minha cólera, cantarás em meu louvor e rastejarás eternamente diante de mim.

No maometismo não há nem sequer sombra do coletivismo nacional e restrito que domina nas religiões antigas e do qual ainda se encontram alguns fracos restos até no culto judaico. O Alcorão não conhece povo eleito; todos os crentes, de qualquer nação ou comunidade a que pertençam, são individualmente, não coletivamente, os eleitos de Deus. Assim, os califas, sucessores de Maomé, nunca se denominaram de outra forma senão chefes dos crentes.

Mas nenhuma religião levou tão longe o culto do individualismo quanto a religião cristã. Diante das ameaças do inferno e das promessas absolutamente individuais do paraíso, acompanhadas por essa terrível declaração de que *entre muitos chamados haverá pouquíssimos eleitos*, foi uma confusão, um salve-se-quem-puder generalizado; um tipo de corrida em que cada um só era estimulado por uma única preocupação, a de salvar sua própria pequena alma. Concebe-se que tal religião tenha podido e sabido dar o golpe de misericórdia na civilização antiga, fundada exclusivamente no culto da coletividade, da pátria, do Estado, e dissolvido todas as suas organizações, sobretudo em uma época em que já se morria de velhice. O individualismo é um poderoso dissolvente! Vemos a prova disso no mundo burguês atual.

Segundo nosso entendimento, quer dizer, do ponto de vista da moral humana, todas as religiões monoteístas, mas principalmente a religião cristã, como a mais completa e a mais conseqüente de todas, são profunda, essencial, e principalmente imorais: ao criar seu Deus, elas proclamaram a decadência de todos os homens, dos quais só admiram a solidariedade no pecado; e ao afirmar o princípio da salvação exclusivamente individual, renegaram e destruíram, na medida de sua força para fazê-lo, a coletividade humana, isto é, o próprio princípio da humanidade.

Não é estranho que se tenha atribuído ao cristianismo a honra de ter criado a idéia da humanidade, da qual foi, ao contrário, a negação mais completa e a mais absoluta? Todavia, ele pode, sob um aspecto, reivindicar essa honra, mas somente sob um único, o de contribuir, de maneira negativa, cooperando poderosamente para a destruição das coletividades restritas e parciais da Antigüidade, apressando a decadência natural das pátrias e das cidades que, tendo se divinizado em seus deuses, formavam um obstáculo à constituição da humanidade; mas é absolutamente falso dizer que o cristianismo tenha algum dia tido a idéia de constituir essa última, ou que tenha pelo menos compreendido, ou mesmo pressentido o que hoje denominamos solidariedade dos homens; a humanidade é uma idéia bem moderna, entrevista pelo Renascimento, mas concebida e enunciada de maneira clara e precisa somente no século XVIII.

O cristianismo não tem absolutamente nada a ver

com a humanidade, pela simples razão de que tem por objeto único a divindade; mas uma exclui a outra. A idéia da humanidade repousa sobre a solidariedade fatal, natural de todos os homens entre si. Mas o cristianismo, como dissemos, só reconhece essa solidariedade no pecado e a lança absolutamente na salvação, no reino desse Deus que entre muitos chamados só poupará pouquíssimos eleitos, e que em sua justiça *adorável*, levado sem dúvida por esse amor infinito que o distingue, antes mesmo que os homens tivessem nascido sobre esta terra, havia condenado a imensa maioria aos sofrimentos eternos do inferno, e isso para puni-los de um pecado cometido não por eles mesmos, mas por seus primeiros ancestrais, que por sinal foram forçados a cometê-lo, para evitar um pecado mais terrível ainda, o de infligir um desmentido à presciência divina.

Tal é a lógica divina e a base de toda a moral cristã. O que têm elas a ver com a lógica e a moral humanas?

É em vão que se esforçariam para nos provar que o cristianismo reconhece a solidariedade dos homens citando-nos palavras do Evangelho que parecem predizer o advento de um dia em que só haverá um único pastor e um único rebanho; ou nos mostrando a Igreja católica romana tendendo incessantemente à realização desse objetivo pela submissão do mundo inteiro ao governo do Papa. A transformação da humanidade inteira em rebanho, assim como a realização, felizmente impossível, dessa monarquia universal e divina nada tem a ver com o princípio da solidariedade humana, e somente ele constitui o que denominamos humanidade. Não há nem sequer sombra dessa solidariedade na sociedade, tal como os cristãos a imaginam, e na qual nada é pela graça dos homens, tudo pela graça de Deus, verdadeiro rebanho de ovelhas desgarradas, que não têm nem devem ter nenhuma relação imediata e natural entre si, a ponto de lhes ser até mesmo proibido unir-se para a reprodução da espécie sem a permissão ou a bênção de seu pastor, somente o padre tendo o direito de casá-los em nome desse Deus, que é o único traço de união legítimo entre eles: separados fora dele, os cristãos só se unem e só podem se unir nele. Fora dessa sanção divina, todas as relações humanas, mesmo os laços de família, participam da maldição geral que atinge a criação, são reprovadas: a ternura pelos pais, pelos esposos, pelos filhos, a amizade fundada na simpatia e na estima recíprocas, o amor e o respeito pelos homens, a paixão pelo verdadeiro, pelo justo e pelo bem, a paixão pela liberdade, e a maior de todas, aquela que implica todas as outras, a paixão pela humanidade — tudo isso é amaldiçoado e só poderia ser reabilitado pela graça de Deus. Todas as relações de homem a homem devem ser santificadas pela intervenção divina; mas essa intervenção os desnatura, os desmoraliza, os destrói. O divino mata o humano, e todo o culto cristão consiste tão-somente nessa imolação perpétua da humanidade em honra da divindade.

Que não se objete que o cristianismo ordena aos filhos a amar seus pais, aos pais a amar seus filhos, aos esposos a se afeiçoarem mutuamente. Sim, mas ele lhes ordena e só lhes permite amá-los não imediatamente, não naturalmente, por eles mesmos, mas só em Deus e pelo amor de Deus; ele só admite todas estas relações naturais sob a condição de que Deus esteja nelas interposto, e essa interposição mata os cônjuges. O amor divino aniquila o amor humano. O cristianismo nos ordena, é verdade, amar nosso próximo como a nós mesmos, mas nos ordena, ao mesmo tempo, amar a Deus mais do que a nós mesmos e, por conseqüência, mais do que ao próximo, quer dizer, sacrificar-lhe o próximo para nossa própria salvação, pois, no final das contas, o cristão adora Deus somente para a salvação de sua alma.

Sendo Deus pressuposto, tudo isso é rigorosamente conseqüente: Deus é o infinito, o absoluto, o eterno, o todo-poderoso; o Homem é o finito, o impotente. Em comparação com Deus, sob todos os aspectos, ele é nada. Somente o divino é justo, verdadeiro, belo e bom, tudo o que é humano, no Homem, deve ser por isso mesmo declarado falso, iníquo, detestável e miserável. O contato da divindade com essa pobre humanidade deve, necessariamente, devorar, consumir, aniquilar tudo o que resta de humano nos Homens.

Mas também a intervenção divina nos assuntos humanos nunca deixou de produzir efeitos excessivamente desastrosos. Ela perverteu todas as relações dos Homens entre si e substituiu sua solidariedade natural pela prática hipócrita e insana das comunidades religiosas, nas quais, sob a aparência da caridade, cada um sonha apenas com a salvação de sua alma, fazendo, assim, sob o pretexto do amor divino, o egoísmo humano excessivamente refinado, cheio de ternura para consigo próprio e de indiferença, malevolência, até mesmo crueldade para com o próximo. Isso explica a íntima aliança que sempre existiu entre o carrasco e o padre, aliança francamente declarada pelo célebre campeão do ultramontanismo, o Sr. Joseph-Marie de Maistre, cuja pena eloqüente, depois de ter divinizado o Papa, não deixou de reabilitar o carrasco — um sendo, com efeito, o complemento necessário do outro.

Mas não é só na igreja católica que existe e se produz essa ternura excessiva pelo carrasco. Os ministros sinceramente religiosos e crentes dos diferentes cultos protestantes não protestaram unanimemente em nossos dias, contra a abolição da pena de morte? Não é verdade que o amor divino, impregnado em seus corações, mata o amor pelos Homens? Não é verdade também que todos os cultos religiosos em geral, mas entre eles principalmente o cristianismo, nunca tiveram outro objetivo senão sacrificar homens a seus deuses? E, entre todas as divindades das quais nos fala a história, existe ao menos uma que tenha feito derramar tanta lágrima e tanto sangue quanto esse bom Deus dos cristãos, ou que tenha pervertido, no mesmo nível, as inteligências, os corações e todas as relações dos Homens entre si?

Sob essa influência insana o espírito se eclipsava e a busca ardente da verdade transformava-se em culto complacente da mentira; a dignidade humana aviltava-se, a honestidade tornava-se traidora, a bondade cruel, a justiça iníqua e o respeito humano transformavam-se em desprezo arrogante pelos Homens; o instinto de liberdade resultava no estabelecimento da servidão, e o de igualdade na sanção dos privilégios mais monstruosos. A caridade, tornando-se delatora e perseguidora, ordenava o massacre dos heréticos e as orgias sangrentas da Inquisição; o Homem religioso denominou-se jesuíta, *momier*[1] ou pietista — renunciando à humanidade ele visou à santidade —, e o santo, sob a aparência de uma humildade mais ou menos hipócrita e da caridade, ocultou o orgulho e o egoísmo imenso de um Eu humano absolutamente isolado e que adora a si mesmo em seu Deus. Assim, não nos devemos enganar com isso. O que o Homem religioso procura, sobretudo, e o que acredita encontrar na divindade que adora, é ainda ele mesmo, mas glorificado, investido da onipotência e imortalizado. Assim, dessa divindade extraiu muito amiúde pretextos e instrumentos para subjugar e explorar o mundo humano.

Eis, portanto, a última palavra do culto cristão; é a exaltação do egoísmo que, rompendo toda solidariedade social, adora a si mesmo em seu Deus e impõe-se à massa ignorante dos Homens em nome desse Deus, quer dizer, em nome de seu Eu humano, consciente ou inconscientemente exaltado e divinizado por ele mesmo. É por isso, também, que os homens religiosos são ordinariamente tão ferozes: ao defenderem seu Deus, contribuem para seu egoísmo, seu orgulho e sua vaidade.

De tudo isso resulta que o cristianismo é a negação mais decisiva e mais completa de toda solidariedade entre os Homens, isto é, da sociedade e, conseqüentemente, também da moral, visto que fora da sociedade não pode existir moral, só restam as relações religio-

---

[1] Apelido de certos metodistas na Suíça românica. [N. do T.]

sas do Homem isolado com seu Deus, isto é, com ele mesmo.

Os metafísicos modernos, a partir do século XVII, tentaram restabelecer a moral fundando-a não sobre Deus, mas sobre o Homem. Desgraçadamente, obedecendo às tendências de seu século, tomaram por ponto de partida não o Homem social, vivo e real, que é o duplo produto da natureza e da sociedade, mas o Eu abstrato do indivíduo, fora de todos os seus laços naturais e sociais, o mesmo que divinizou o egoísmo cristão, e que todas as igrejas, tanto católicas como protestantes, adoram como seu Deus.

Como nasceu o Deus único dos monoteístas? Pela eliminação necessária de todos os seres reais e vivos.

Para explicar o que entendemos por isso, torna-se necessário dizer algumas palavras sobre a religião. Não desejaríamos absolutamente falar dela, mas nos dias de hoje se torna impossível tratar das questões políticas e sociais sem tocar na questão religiosa.

Foi sem razão que se pretendeu que o sentimento religioso só é próprio aos Homens; encontram-se perfeitamente todos os seus elementos fundamentais no mundo animal, e entre esses elementos o principal é o medo. "O temor a Deus", dizem os teólogos, "é o começo da sabedoria". Pois bem, esse temor não se acha excessivamente desenvolvido nos animais, e todos esses não estão constantemente amedrontados? Todos ressentem um terror instintivo em relação à onipotente natureza que os produz, cria-os, alimenta-os, é verdade, mas ao mesmo tempo, esmaga-os, envolve-os em toda parte, ameaçando sua existência a todo momento, e sempre acaba por matá-los.

Como os animais de todas as outras espécies não possuem essa força de abstração e de generalização da qual só o Homem é dotado, eles não figuravam essa totalidade dos seres que denominamos natureza, mas a sentem e têm medo dela. Esse é o verdadeiro começo do sentimento religioso.

A própria adoração não falta. Isso sem falar do estremecimento de alegria ressentido por todos os seres vivos com a aurora, nem de seus gemidos com a aproximação de uma dessas terríveis catástrofes naturais que os destrói aos milhares; como exemplo, basta considerar a atitude do cão na presença de seu dono. Não é essa igualmente a atitude do Homem diante de seu Deus?

O Homem também não começou pela generalização dos fenômenos naturais e só chegou à concepção da natureza como ser único depois de muitos séculos de desenvolvimento social? O Homem primitivo, o selvagem, pouco diferente do gorila, partilhou, sem dúvida, durante muito tempo, de todas as sensações e representações instintivas do gorila; foi só muito tempo depois que começou a fazer delas o objeto de suas reflexões, de início, necessariamente infantis, a dar-lhes um nome, e, por isso mesmo, fixá-las em seu espírito nascente.

Foi assim que o sentimento religioso que ele tinha em comum com os animais de outras espécies tomou corpo, tornou-se nele uma representação permanente, como o começo de uma idéia, a da existência oculta de um ser superior, muito mais poderoso do que ele, geralmente muito hostil e nocivo, o ser que lhe faz medo, em resumo, o seu Deus.

Tal foi o primeiro Deus, de tal forma rudimentar, é verdade, que o selvagem que o busca em todos os lugares para conjurá-lo pensou tê-lo encontrado, às vezes, em um pedaço de pau, um esfregão, um osso ou uma pedra: foi a época do *fetichismo*, da qual ainda hoje encontramos vestígios no catolicismo.

Foram necessários, sem dúvida, alguns séculos para que o homem selvagem passasse do culto dos fetiches inanimados ao dos fetiches vivos, ao dos diferentes animais e, por último, ao dos *feiticeiros*. Ele chega aí por uma longa série de experiências e pelo procedimento da eliminação: não encontrando o poder temível que desejava conjurar nos fetiches, busca-o no Homem-Deus, o *feiticeiro*.

Mais tarde, sempre por esse mesmo procedimento de eliminação e fazendo abstração do feiticeiro, cuja experiência lhe havia, enfim, demonstrado a impotência, o homem selvagem adorou sucessivamente os fenômenos mais grandiosos e mais terríveis da natureza: a tempestade, o trovão, o vento, e assim continuando, de eliminação em eliminação, ascendeu enfim ao culto do sol e dos planetas. Parece que a honra de ter criado este culto pertence aos povos pastores.

Já era um grande progresso. Quanto mais a divindade, isto é, a força que faz medo, afastava-se do Homem, mais ela parecia respeitável e grandiosa. Não havia mais do que um único grande passo a dar, para o estabelecimento definitivo do mundo religioso, e foi aquele de chegar à adoração de uma *divindade* invisível.

Até esse *salto mortale*[2] da adoração do visível à adoração do invisível, os animais das outras espécies teriam podido, a rigor, acompanhar seu irmão caçula, o Homem, em todas as suas experiências teológicas, visto que eles também adoram, à sua maneira, todos os fenômenos da natureza. Não sabemos o que eles podem sentir pelos outros planetas; todavia, estamos certos de que a lua, e sobretudo o sol, exercem sobre eles uma influência muito sensível. Mas a divindade invisível só pode ter sido inventada pelo Homem.

Mas com que procedimento pôde o Homem descobrir esse ser invisível, do qual nenhum de seus sentidos, nem mesmo sua visão, foi capaz de ajudá-lo a constatar a real existência, e por meio de que artifício pôde ele reconhecer a natureza e as qualidades desse ser? Quem é, enfim, esse ser suposto absoluto que o Homem pensou ter encontrado acima e fora de todas as coisas?

Outro não foi o procedimento senão essa operação bem conhecida do espírito que denominamos abstração ou eliminação, e o resultado final dessa operação só pode ser o abstrato absoluto, o nada, o não-ser. E é precisamente esse não-ser que o Homem adora como seu Deus.

Elevando-se por seu espírito acima de todas as coisas reais e vivas, inclusive seu próprio corpo, fazendo abstração de tudo o que é sensível, ou mesmo somente visível, inclusive o firmamento com todas as estrelas, o

---

[2] Em italiano no original. [N. do T.]

Homem se encontra diante do vazio absoluto, do nada indeterminado, infinito, sem nenhum conteúdo, bem como sem nenhum limite.

Nesse vazio, o espírito do Homem, que o havia produzido por intermédio da eliminação de todas as coisas, só pôde encontrar necessariamente a si mesmo em estado de força abstrata, que, tudo tendo destruído e nada mais tendo a eliminar, recai sobre si mesma em uma inação absoluta, e que, considerando-se ela mesma nesta completa inação, que lhe parece sublime, como um ser diferente de si mesma, afirma-se como seu próprio Deus e adora-se.

Deus, portanto, nada mais é que o Eu humano tornado absolutamente vazio por força de abstração ou de eliminação de tudo o que é real e vivo. Foi precisamente dessa maneira que o concebeu Buda, que, de todos os reveladores religiosos, foi decerto o mais profundo, o mais sincero, o mais verdadeiro.

Contudo, Buda não sabia e não podia saber que fora o próprio espírito humano que criara esse Deus-nada. Foi somente perto do final do século passado [XVIII] que se começou a percebê-lo, e apenas em nosso século que, graças a estudos mais aprofundados sobre a natureza e as operações do espírito humano, conseguiu-se percebê-lo completamente.

Quando o espírito humano criou Deus, procedeu com a mais completa ingenuidade; não possuía ainda nenhum conhecimento dele mesmo e, sem duvidar de maneira nenhuma, pôde adorar-se em seu Deus-nada.

Entretanto, ele não podia deter-se diante desse nada

que ele próprio criara; devia a qualquer preço preenchê-lo e fazê-lo tornar a descer sobre a terra, à realidade viva. Chegou a esse fim sempre com a mesma ingenuidade e pelo procedimento mais natural, mais simples. Após ter divinizado seu próprio Eu a esse estado de abstração ou de vazio absoluto, ajoelhou-se diante dele, adorou-o e proclamou-o a causa e o autor de todas as coisas; foi o começo da teologia.

Assim, deu-se uma guinada completa, decisiva, fatal, historicamente inevitável sem dúvida, mas, apesar de tudo, excessivamente desastrosa em todas as concepções humanas.

Deus, o nada absoluto, foi proclamado o único ser vivo, poderoso e real, e o mundo vivo e, por conseqüência necessária, a natureza, todas as coisas efetivamente reais e vivas comparadas a esse Deus, foram declaradas Nada. É próprio da teologia fazer do nada o real, e do real o nada.

Sempre procedendo com a mesma ingenuidade e sem ter a mínima consciência do que fazia, o Homem utilizou um meio, muito engenhoso e muito natural simultaneamente, para preencher o vazio assustador de sua divindade: atribuiu-lhe simplesmente, exagerando-os, todavia, até proporções monstruosas, todas as ações, todas as forças, todas as qualidades e propriedades, boas ou más, benfazejas ou nocivas, que encontrou tanto na natureza quanto na sociedade. Foi assim que a terra, levada à pilhagem, empobreceu-se em proveito do céu, que se enriqueceu com seus despojos.

Resultou disso que, quanto mais o céu, a morada

da divindade, enriquecia-se, mais a terra tornava-se miserável; e bastava que uma coisa fosse adorada no céu para que todo o contrário dessa coisa se encontrasse realizado neste mundo de baixo. É o que denominamos de ficções religiosas; a cada uma dessas ficções corresponde, sabemo-lo muito bem, alguma realidade monstruosa; assim, o amor celeste nunca teve outro efeito senão o ódio terrestre; a bondade divina nunca produziu senão o mal, e a liberdade de Deus significou a escravidão aqui em baixo. Veremos em breve que o mesmo ocorre com todas as ficções políticas e jurídicas, umas, assim como as outras, não sendo outra coisa senão conseqüências ou transformações da ficção religiosa.

Não foi de uma só vez que a divindade assumiu esse caráter absolutamente nocivo. Nas religiões panteístas do Oriente, no culto dos brâmanes e no dos sacerdotes do Egito, assim como nas crenças fenícias e sírias, ela já se apresentava sob um aspecto bem terrível. O Oriente foi, em todos os tempos, e ainda hoje o é, em certa medida, pelo menos, a pátria da divindade despótica, esmagadora e feroz, negação do espírito e da humanidade. Também é a pátria dos escravos, dos monarcas absolutos e das castas.

Na Grécia, a divindade humaniza-se — sua unidade misteriosa reconhecida no Oriente somente pelos padres, seu caráter atroz e sombrio são relegados no fundo da mitologia helênica —, ao panteísmo sucede o politeísmo. O Olimpo, imagem da federação das cidades gregas, é um tipo de república muito fracamente governada pelo pai dos deuses, Júpiter, que, ele próprio, obedece aos decretos do destino.

O destino é impessoal; é a própria fatalidade, a força irresistível das coisas, diante da qual tudo deve dobrar-se, Homens e deuses. Por sinal, entre esses deuses, criados pelos poetas, nenhum é absoluto; cada um representa apenas um aspecto, uma parte, quer seja do Homem, quer seja da natureza em geral, sem, contudo, deixarem de ser, por isso, seres concretos e vivos. Eles se completam mutuamente e formam um conjunto muito vivo, muito gracioso e principalmente muito humano.

Nada há de sombrio nessa religião, cuja teologia foi inventada pelos poetas, cada um acrescentando-lhe livremente algum deus ou novo dogma, segundo as necessidades das cidades gregas, das quais cada uma se orgulhava de ter sua divindade tutelar, representante de seu espírito coletivo. Foi a religião, não dos indivíduos, mas da coletividade dos cidadãos de tantas pátrias restritas e parcialmente livres, ligadas entre elas, por sinal, mais ou menos por um tipo de federação imperfeitamente organizada e muito fraca.

De todos os cultos religiosos que a história nos mostra, esse foi decerto o menos teológico, o menos sério, o menos divino e, por causa disso mesmo, o menos nocivo, aquele que menos entravou o livre desenvolvimento da sociedade humana. A simples pluralidade dos deuses, aproximadamente iguais em poder, era uma garantia contra o absolutismo; perseguido por uns, podia-se buscar proteção nos outros, e o mal causado por um deus encontrava sua compensação no bem produzido por um outro. Não havia, portanto, na mitologia grega, essa contradição lógica, bem como moralmente monstruosa, que o bem e o mal, a beleza e a feiúra, a bondade e a maldade, o ódio e o amor se encontram concentrados em uma única e mesma pessoa, como isso se apresenta fatalmente no deus único do monoteísmo.

Essa monstruosidade, nós a encontramos por inteiro no Deus dos judeus e dos cristãos. Ela era a conseqüência necessária da unidade divina; e, com efeito, uma vez admitida esta unidade, como explicar a coexistência do bem e do mal? Os antigos persas haviam pelo menos imaginado dois deuses: um, o da Luz e do Bem, Ormuz; o outro, o do Mal e das Trevas, Arimã; nesse caso, era natural que eles se combatessem, assim como o mal e o bem se combatem e vencem, alternadamente, na natureza e na sociedade. Mas como explicar que um único e mesmo Deus, todo-poderoso, todo verdade, todo amor, todo bondade, tenha podido dar origem ao mal, ao ódio, à feiúra, à mentira?

Para resolver essa contradição, as teologias judaica e cristã recorreram às invenções mais revoltantes e mais insensatas. Inicialmente, elas atribuíram todo o mal a Satã. Mas de onde vem Satã? É ele, assim como Arimã, o igual de Deus? Absolutamente; assim como todo o resto da criação, ele é obra de Deus. Portanto, foi Deus quem engendrou o mal. Não, respondem os teólogos; Satã foi de início um anjo de luz, e foi só depois de sua revolta contra Deus que ele se tornou o anjo das trevas. Mas se a revolta é um mal, o que é muito duvidoso, e acreditamos, ao contrário, que ela é um bem, visto que, sem ela, nunca teria havido emancipação social, se ela constitui um crime, quem criou a possibilidade desse mal? Deus, sem dúvida, responder-vos-ão ainda os mesmos teólogos, mas ele só tornou o mal possível para deixar aos anjos, bem como aos Homens, o livre-arbítrio. E o que é o livre-arbítrio? É a faculdade de escolher entre o bem e o mal, e decidir espontaneamente seja por um, seja pelo outro. Mas para que os anjos e os Homens tenham podido escolher o mal, tenham podido decidir-se pelo mal, era preciso que o mal tivesse existido independentemente deles, e quem teria podido dar-lhe essa existência senão Deus?

Os teólogos também defendem que, após a queda de Satã, que precedeu a do Homem, Deus, sem dúvida esclarecido por essa experiência, não querendo que outros anjos seguissem o exemplo fatal de Satã, privou-os do livre-arbítrio, não lhes deixando mais do que a faculdade do bem, de forma que, doravante, eles são forçosamente virtuosos e não imaginam outra felicidade senão a de servir eternamente como vassalos esse terrível senhor.

Todavia, parece que Deus não foi suficientemente instruído por sua primeira experiência, visto que, após a queda de Satã, ele criou o Homem e, por cegueira ou maldade, não deixou de conceder-lhe esse dom fatal do livre-arbítrio que arruinou Satã e que também devia arruiná-lo.

O pecado do Homem, tanto quanto o de Satã, era fatal, pois havia sido determinado, por toda a eternidade, na presciência divina. Por sinal, sem remontar a tão longe, permitir-nos-emos observar que a simples experiência de um honesto pai de família deveria ter impedido o bom Deus de submeter esses infelizes primeiros Homens à famosa tentação. O mais simples pai de família sabe muito bem que basta que se proíba as crianças de tocar em alguma coisa para que um instinto de curiosidade invencível as force a nela tocar a qualquer custo. Assim, se ele ama seus filhos, e se é realmente justo e bom, poupar-lhes-á essa prova tão inútil quanto cruel.

Deus não teve nem essa razão, nem essa bondade, nem essa justiça, e ainda que soubesse antecipadamente que Adão e Eva sucumbiriam à tentação, assim que essa falta foi cometida, deixou-se levar por um furor verdadeiramente divino. Não se contentou em amaldiçoar os infelizes desobedientes, amaldiçoou toda a sua descendência até o final dos séculos, condenando às tormentas do inferno bilhões de Homens que eram evidentemente inocentes, pois não haviam nem sequer nascido quando a falta foi cometida. Nem mesmo se contentou em amaldiçoar os Homens, amaldiçoou com eles toda a natureza, sua própria criação, que ele mesmo achara tão bem feita.

Se um pai de família tivesse agido da mesma forma, não se o teria declarado louco furioso? Portanto, como é que os teólogos ousaram atribuir a seu Deus o que teriam achado absurdo, cruel, desonroso, anormal, da parte de um Homem? Ah, é que eles precisaram desse absurdo! Como é que teriam explicado a existência do mal neste mundo, que devia ter saído perfeito das mãos de um operário tão perfeito, deste mundo criado pelo próprio Deus?

Mas, uma vez admitido o pecado do Homem, todas as dificuldades são aplanadas e explicadas. Pelo menos é o que pretendem. A natureza, inicialmente perfeita, torna-se de repente imperfeita, toda a máquina se desregula; à harmonia primitiva sucede o choque desordenado das forças; a paz que reinava inicialmente entre todas as espécies de animais dá lugar a uma terrível carnificina, a um devorar mútuo; e o Homem, o rei da natureza, sobrepuja-a em ferocidade. A terra torna-se o vale de sangue e de lágrimas, e a lei de Darwin — a luta pela existência impiedosa, atroz — triunfa sobre a natureza e a sociedade. O mal ultrapassa o bem, Satã sufoca Deus.

E tudo isso porque os dois primeiros Homens, desobedecendo ao Senhor e deixando-se seduzir pela serpente, ousaram provar do fruto proibido!

E semelhante inépcia, uma fábula tão ridícula, revoltante, monstruosa, pôde ser seriamente repetida por grandes doutores em teologia durante mais de 15 séculos, melhor dizendo, ainda o é hoje; mais do que isso, ela é oficialmente, obrigatoriamente ensinada em todas as escolas da Europa. O que se deve pensar da espécie humana depois disso? Não têm mil vezes razão aqueles que sustentam que traímos ainda hoje mesmo nosso muito recente parentesco com o gorila?

Mas nisso não se detém o espírito[3] dos teólogos cristãos. No pecado do Homem e em suas conseqüências desastrosas, tanto para a natureza quanto para ele mesmo, eles adoraram a manifestação da justiça divina. Em seguida, lembraram-se de que Deus não era

---

[3] Palavra ilegível no manuscrito. [N. do T.]

somente a justiça, mas era ainda o amor absoluto e, para conciliar uma com o outro, eis o que eles inventaram:

Depois de ter deixado esta pobre humanidade durante alguns milhares de anos sob a ação de sua terrível maldição, que teve por conseqüência condenar alguns bilhões de seres humanos à tortura eterna, ele sentiu o amor despertar em seu seio; e o que fez então? Retirou do inferno os infelizes torturados? Não, absolutamente; teria sido contrário à sua eterna justiça. Mas tinha um filho único; como e por que o tinha é um desses mistérios profundos que os teólogos, que o criaram, declaram impenetrável, o que é uma maneira naturalmente cômoda de escapar do embaraço e de resolver todas as dificuldades. Portanto, esse pai cheio de amor, em sua suprema sabedoria, decide enviar esse filho único à terra, a fim de que se faça matar pelos Homens para salvar não as gerações passadas, nem mesmo as gerações futuras, mas, entre essas últimas, como o declara o próprio Evangelho, e como o repete todos os dias a Igreja, tanto católica quanto protestante, só um pequeníssimo número de eleitos.

E, agora, abre-se o caminho, é como eu disse mais acima, um tipo de corrida, um salve-se-quem-puder para salvar sua alma. Aqui os católicos e os protestantes se dividem: os primeiros sustentam que só se entra no paraíso com a permissão especial do santo padre, o Papa; os protestantes afirmam, por sua vez, que somente a graça imediata e direta do bom Deus abre suas portas. Essa grave discussão continua ainda hoje; não nos intrometeremos nisso.

Resumamos em poucas palavras a doutrina cristã:

Há um Deus: Ser absoluto, eterno, infinito, todo-poderoso; ele é a onisciência, a verdade, a justiça, a beleza e a felicidade, o amor e o bem absolutos. Nele, tudo é infinitamente grande, fora dele o Nada. Ele é, no fim de contas, o próprio Ser, o Ser único.

Mas eis que do Nada — que por isso mesmo parece ter tido uma existência à parte, fora dele, o que implica uma contradição e um absurdo, visto que existindo Deus em todos os lugares, preenchendo com seu ser o espaço infinito, nada, nem mesmo o Nada pode existir fora dele, o que faz crer que o Nada do qual nos fala a Bíblia foi Deus, quer dizer, foi o próprio Ser divino que foi o Nada; — desse Nada, Deus criou o mundo.

Aqui se apresenta naturalmente uma questão. A criação sempre existiu com a eternidade ou foi realizada em dado momento dela? No primeiro caso, ela é eterna como Deus e não pode ter sido criada nem por Deus, nem por quem quer que seja, pois a idéia da criação implica a precedência do criador à criatura. Como todas as outras idéias teológicas, a idéia da criação é idéia inteiramente humana, apreendida na prática da sociedade humana. Assim, o relojoeiro cria um relógio, o arquiteto uma casa etc. Em todos os casos o produtor existe antes do produto, fora do produto, e é aí que consiste essencialmente a imperfeição, o caráter relativo e, por assim dizer, dependente tanto do produtor quanto do produto.

Mas a teologia, como ela sempre faz, por sinal, extraiu essa idéia e esse fato, completamente humanos, da produção, e aplicando-os a seu Deus, ampliando-os ao infinito e fazendo-o sair, assim, de suas proporções naturais, fez dele uma imaginação tão monstruosa quanto absurda.

Assim, se a criação é eterna, não é absolutamente criação. O mundo não foi criado por Deus, conseqüentemente, tem uma existência e um desenvolvimento independentes dele — a eternidade do mundo é a negação do próprio Deus —, Deus sendo essencialmente o Deus criador.

Dessa maneira, o mundo não é mais eterno — houve uma época na eternidade em que ele não existia. Assim, passou-se toda uma eternidade durante a qual Deus absoluto, todo-poderoso, infinito, não foi um Deus criador, ou só o foi potencialmente, não de fato.

Por que não o foi? Teria sido por capricho de sua parte, ou precisava desenvolver-se para chegar finalmente à força efetiva de criar?

São mistérios insondáveis, dizem os teólogos. São absurdos imaginados por vós mesmos, respondemo-lhes. Começais inventando o absurdo, em seguida, vós nos impondes este absurdo como um mistério divino, insondável, ainda mais profundo por ser absurdo.

É sempre o mesmo procedimento: *Credo quia absurdum est*.[4]

Uma outra questão: a criação, tal como saiu das mãos de Deus, foi perfeita? Se não o foi, não podia ser a criação de Deus, pois o operário — é o próprio Evangelho que o diz — é julgado e segundo o grau de perfeição de sua obra. Uma criação imperfeita suporia

---

[4] Em latim no original. "Creio, ainda que seja absurdo." [N. do T.]

necessariamente um criador imperfeito. Portanto, a criação foi perfeita.

Mas, se o foi, não pode ter sido criada por ninguém, pois a idéia da perfeição absoluta exclui toda idéia de dependência ou mesmo de relação. Fora dela nada poderia existir. Se o mundo é perfeito, Deus não pode existir.

A criação, responderão os teólogos, foi seguramente perfeita, mas somente em relação a tudo o que a natureza ou os Homens podem produzir, não em relação a Deus. Ela foi perfeita, sem dúvida, mas não perfeita como Deus.

Responder-lhes-emos novamente que a idéia da perfeição não admite graus, assim como não o admitem a idéia do infinito nem a do absoluto. Não pode haver nesse caso nem mais nem menos. A perfeição é una. Se, portanto, a criação foi menos perfeita do que o criador, ela foi imperfeita. E, nesse caso, voltaremos a dizer que Deus criador de um mundo imperfeito não é outra coisa senão um criador imperfeito, e seria de novo a negação de Deus.

Vê-se que de todas as maneiras a existência de Deus é incompatível com a do mundo. Existindo o mundo, Deus não pode existir. Prossigamos.

Assim, esse Deus perfeito cria um mundo mais ou menos imperfeito. Ele o cria em um dado momento da eternidade, por capricho, sem dúvida para entreter sua majestosa solidão. De outra forma, por que o teria criado? Mistérios insondáveis, exclamam-nos os teólogos. *Asneiras insuportáveis*, respondemo-lhes.

Mas a Bíblia nos explica os motivos da criação. Deus é um Ser essencialmente vaidoso: criou o céu e a terra para ser por eles adorado e louvado. Outros sustentam que a criação foi o efeito de seu amor infinito. — Por quem? Por um mundo, por seres que não existiam, ou que não existiam antes de sua idéia, o que quer dizer, sempre por ele.[5]

---

[5] O manuscrito foi interrompido aqui. [Nota de Arthur Lehning]

TRÊS CONFERÊNCIAS FEITAS AOS OPERÁRIOS
do vale de Saint-Imier, maio de 1871

I

COMPANHEIROS, desde a grande Revolução de 1789-1793, nenhum dos eventos que a sucederam, na Europa, teve a importância e a grandeza daqueles que acontecem diante de nossos olhos, e dos quais Paris é hoje o teatro.

Dois fatos históricos, duas revoluções memoráveis haviam constituído o que denominamos mundo moderno, o mundo da civilização burguesa. Uma, conhecida sob o nome de Reforma, no começo do século XVI, havia destruído a pedra angular do edifício feudal, a onipotência da Igreja; ao destruir essa força, ela preparou a ruína do poder independente e quase absoluto dos senhores feudais, que, abençoados e protegidos pela Igreja, como os reis, e freqüentemente mesmo contra os reis, faziam proceder seus direitos diretamente da graça divina; e por isso mesmo ela proporcionou um novo desenvolvimento à emancipação da classe burguesa, lentamente preparada, por sua vez, durante os dois séculos que haviam precedido essa revolução religiosa, pelo desenvolvimento sucessivo das liberdades comunais, e pelo desenvolvimento do comércio e da indústria que haviam sido ao mesmo tempo sua condição e sua conseqüência necessárias.

Dessa revolução surgiu uma nova potência, não ainda a da burguesia, mas a do Estado, monárquico, constitucional e aristocrático na Inglaterra, monárquico, absoluto, nobiliárquico, militar e burocrático em todo o continente da Europa, com exceção de duas pequenas repúblicas, a Suíça e a Holanda.

Deixemos, por gentileza, essas duas repúblicas de lado e ocupemo-nos das monarquias. Examinemos as relações das classes, sua situação política e social depois da Reforma.

A todo senhor, toda honra, comecemos, portanto, pela dos padres; e sob esse nome de padres não entendo apenas os da Igreja católica, mas também os ministros protestantes, em resumo, todos os indivíduos que vivem do culto divino e que nos vendem o Bom Deus tanto no atacado quanto no varejo. Quanto às diferenças teológicas que os separam, elas são tão sutis e, ao mesmo tempo, tão absurdas que seria uma vã perda de tempo ocupar-nos com elas.

Antes da Reforma, a Igreja e os padres, o Papa encabeçando, eram os verdadeiros senhores da terra. Segundo a doutrina da Igreja, as autoridades temporais de todos os países, os monarcas mais poderosos, os imperadores e os reis, só tinham direitos na medida em que estes tivessem sido reconhecidos e consagrados pela Igreja. Sabe-se que os dois últimos séculos da Idade Média foram ocupados pela luta cada vez mais ardente e triunfante dos soberanos coroados contra o Papa, dos Estados contra a Igreja. A Reforma pôs fim a essa luta, proclamando a independência dos Estados. O direito do soberano foi reconhecido como procedendo imediatamente de Deus, sem a intervenção do Papa nem de nenhum outro padre, e, naturalmente, graças a essa proveniência celestial, foi declarado absoluto. Assim, sobre as ruínas do despotismo da Igreja, foi erigido o edifício do despotismo monárquico. A Igreja, depois de ter sido a senhora, tornou-se a serva do Estado, um instrumento de governo nas mãos do monarca.

Ela tomou essa atitude não somente nos países protestantes, onde, sem excluir a Inglaterra, especialmente pela Igreja anglicana, o monarca foi declarado o chefe da Igreja, mas ainda em todos os países católicos, sem excetuar sequer a Espanha. O poderio da Igreja romana, quebrado pelos terríveis golpes que a Reforma lhe desferiu, só se pode apoiar daí em diante nela mesma. Para manter sua existência, ela precisou da assistência dos soberanos temporais dos Estados. Mas os soberanos, como se sabe, nunca dão sua assistência a troco de nada. Eles nunca tiveram outra religião sincera, outro culto senão o de seu poderio e de suas finanças, estas últimas sendo ao mesmo tempo o meio e o objetivo do primeiro. Assim, para comprar o apoio dos governos monárquicos, a Igreja devia provar-lhes que ela era capaz e desejosa de servi-los. Antes da Reforma, ela havia muitas vezes insurgido os povos contra os reis. Depois da Reforma, tornou-se, em todos os países, inclusive a Suíça, a aliada dos governos contra os povos, um tipo de polícia negra, nas mãos dos homens de Estado e das classes governantes, dando-se por missão pregar às massas populares a resignação, a paciência, a obediência conseqüentemente, e a renúncia aos bens e às fruições desta terra, que o povo, segundo ela dizia, deve abandonar aos felizes e aos poderosos da terra, a fim de assegurar para si mesmo os tesouros celestes. Como sabeis, ainda hoje, todas as Igrejas cristãs, católicas e protestantes, continuam a pregar nesse sentido. Felizmente, elas são cada vez menos ouvidas, e podemos prever o momento em que serão forçadas a fechar seus estabelecimentos por falta de fiéis, ou, o que quer dizer a mesa coisa, por falta de trouxas.

Vejamos agora as transformações que se efetuaram na classe feudal, na nobreza, após a Reforma. Ela permanecera a proprietária privilegiada e mais ou menos exclusiva da terra, mas havia perdido toda sua independência política. Antes da Reforma havia sido, assim como a Igreja, a rival e a inimiga do Estado. Depois dessa revolução, tornou-se a serva, assim como a Igreja, e, como ela, uma serva privilegiada. Todas as funções militares e civis do Estado, excetuando as menos importantes, foram ocupadas por nobres. As cortes dos grandes e mesmo dos pequenos monarcas da Europa foram preenchidas por eles. Os maiores senhores feudais, outrora tão independentes e tão orgulhosos, tornaram-se os criados titulados dos soberanos. Perderam seu orgulho e sua independência, mas conservaram toda sua arrogância. Pode-se até mesmo dizer que ela aumentou, sendo a arrogância o vício privilegiados dos lacaios. Vis, rastejantes, servis na presença do soberano, tornaram-se ainda mais insolentes em relação aos burgueses e ao povo, que continuaram a pilhar, não mais em seu próprio nome e no do direito divino, mas com a permissão e a serviço de seus senhores, e sob o pretexto do maior interesse do Estado. Esse caráter e essa situação particular da nobreza conservaram-se quase integralmente, mesmo em nossos dias, na Alemanha, país estranho e que parece ter o privilégio de sonhar com as coisas mais belas, mais nobres, para realizar somente as mais abjetas e as mais infames. Prova disso são as barbaridades ignóbeis, atrozes, da última guerra, a formação bem recente desse terrível Império cnuto-germânico, que é incontestavelmente uma ameaça à liberdade de todos os países da Europa, um desafio lançado a toda a humanidade pelo despotismo brutal de um imperador-policial e soldado ao mesmo tempo, e pela estúpida insolência de sua canalha nobiliária.

Pela Reforma, a burguesia viu-se completamente liberta da tirania e da pilhagem dos senhores feudais, enquanto bandidos ou ladrões independentes e privados; mas ela se viu entregue a uma nova tirania e a uma nova pilhagem doravante regularizadas, sob o nome de impostos ordinários e extraordinários do Estado, por esses mesmos senhores tornados servidores, quer dizer, bandoleiros e ladrões legítimos, do Estado. Essa transição da pilhagem feudal à pilhagem muito mais regular e mais sistemática do Estado pareceu inicialmente satisfazer a classe média. Deve-se concluir disso que foi inicialmente para ela um verdadeiro alívio de sua situação econômica e social. Mas o apetite vem do comer, diz o provérbio. Os impostos dos Estados, de início bastante modestos, aumentaram a cada ano, em uma proporção inquietante, não tão formidável, entretanto, quanto nos Estados monárquicos de nossos dias. As guerras, pode-se dizer, incessantes, que esses Estados, tornados absolutos, fizeram entre si, a pretexto de equilíbrio internacional, desde a Reforma até a Revolução de 1789; a necessidade de manter grandes exércitos permanentes, que dali em diante tornaram-se a base principal da conservação dos Estados; o luxo crescente das cortes dos soberanos, transformadas em orgias permanentes, e onde a canalha nobiliária, toda a criadagem titulada, ornamentada, vinha mendigar pensões de seus senhores; a necessidade de alimentar toda essa multidão privilegiada que preenchia as mais altas funções no exército, na burocracia e na polícia, tudo isto exigiu enormes gastos. Esses gastos foram pagos, naturalmente, antes de todos os demais, pelo povo, mas também pela classe burguesa que, até a Revolução, foi também, senão no mesmo grau que o povo, considerada uma vaca leiteira, não possuindo outra finalidade senão sustentar o soberano e alimentar essa multidão inumerável de funcionários privilegiados. A Reforma, por sinal, fez a classe média perder em liberdade talvez o dobro do que ela lhe deu em segurança. Antes da Reforma, ela havia sido geralmente a aliada e o sustentáculo indispensável dos reis em sua luta contra a Igreja e senhores feudais, e havia habilmente se aproveitado para conquistar um certo grau de independência e de liberdade. Mas a partir do momento em que a Igreja e os senhores feudais subjugaram-se ao Estado, os reis, não necessitando mais dos serviços da classe média, privaram-na, pouco a pouco, de todas as liberdades que lhe tinham outrora outorgado.

Se tal foi a situação da classe burguesa após a Reforma, pode-se imaginar qual deve ter sido a das massas populares, dos camponeses e dos operários das cidades. Os camponeses da Europa central, na Alemanha, na Holanda, até mesmo parcialmente na Suíça, como se sabe, fizeram, no começo do século XVI e da Reforma, um movimento grandioso para se emancipar, ao grito de "Guerra aos castelos e paz às choupanas". Esse movimento, traído pela classe burguesa, e amaldiçoado pelos chefes do protestantismo burguês, Lutero e Melanchthon, foi sufocado no sangue de várias dezenas de milhares de camponeses insurretos. Daí em diante, os camponeses viram-se, mais do que nunca, ligados à gleba, servos de direito, escravos de fato, e permaneceram neste estado até a Revolução de 1789-1793 na França, até 1807 na Prússia, e até 1848 em quase todo o resto da Alemanha. Em diversas partes do norte da Alemanha, e especialmente em Mecklenburgo, a servidão existe ainda hoje [1871], mesmo que já tenha cessado de existir inclusive na Rússia.

O proletariado das cidades não foi muito mais livre do que os camponeses. Ele se dividia em duas categorias, a dos operários, que faziam parte das corporações, e a do proletariado, em nada organizada. A primeira estava atada, imobilizada, em seus movimentos e em sua produção, por uma grande quantidade de regulamentos que a escravizava aos chefes das corporações, aos patrões. A segunda, privada de todo direito, era oprimida e explorada por todo mundo. A maior massa de impostos, como sempre, recaía necessariamente sobre o povo.

Essa ruína e essa opressão geral das massas operárias, e da classe burguesa em parte, tinham por pretexto e por objetivo declarado a grandeza, o poder, a magnificência do Estado monárquico, nobiliárquico, burocrático e militar, Estado que na adoração oficial havia tomado o lugar da Igreja, e era proclamado como uma instituição divina. Houve, portanto, uma moral do Estado, totalmente diferente, ou melhor, totalmente oposta à moral privada dos Homens. Na moral privada, enquanto não está absolutamente viciada pelos dogmas religiosos, há um fundamento eterno, mais ou menos reconhecido, compreendido, aceito e realizado em cada sociedade humana. Esse fundamento nada mais é senão o respeito humano, o respeito pela dignidade humana, pelo direito e pela liberdade de todos os indivíduos humanos. Respeitá-los, eis o dever de todos; amá-los e incitá-los, eis a virtude; violá-los, ao contrário, é crime. A moral do Estado é completamente oposta a essa moral humana. O Estado afirma-se a todos os seus súditos como o objetivo supremo. Servir seu poderio, sua grandeza, por todos os meios possíveis e impossíveis, e contrariamente até mesmo a todas as leis humanas e ao bem da humanidade, eis a virtude. Assim, tudo que contribui para o poder e a ampliação do Estado é o bem; tudo que lhe é contrário, mesmo que seja a ação mais virtuosa, a mais nobre do ponto de vista humano, é o mal. Eis por que os homens de Estado, os diplomatas, os ministros, todos os funcionários do Estado, sempre se serviram de crimes, mentiras e traições infames para servir o Estado. A partir do momento que uma vilania é cometida a serviço do Estado, ela se torna ação meritória. Tal é a moral do Estado. É a própria negação da moral humana e da humanidade.

A contradição reside na própria noção de Estado. O Estado universal, jamais tendo podido realizar-se, implica que todo Estado seja um ser restrito, compreendendo um território limitado e um número mais ou menos restrito de governados. A imensa maioria da espécie humana permanece, portanto, fora de cada Estado, e a humanidade inteira está dividida entre um grande número de Estados grandes, médios ou pequenos, dentre os quais, cada um deles, apesar de só abraçar uma parte muito restrita da espécie humana, proclama-se e apresenta-se como o representante de toda a humanidade e como algo absoluto. Dessa forma, tudo o que resta fora dele, todos os outros Estados, com seus governados e a propriedade de seus governados, são considerados, por cada Estado, seres privados de toda sanção, de todo direito, e conseqüentemente, pensa ter o direito de atacar, conquistar, massacrar, pilhar, tanto quanto seus meios e suas forças o permitam. Sabeis, caros companheiros, que nunca se conseguiu estabelecer um direito internacional, e nunca se pôde fazê-lo precisamente porque, do ponto de vista do Estado, tudo o que está fora do Estado é privado de direito. Assim, basta que um Estado declare guerra a outro para que ele permita, ou melhor, para que ordene a seus próprios governados que cometam contra os governados do Estado inimigo todos os crimes possíveis: o assassinato, o estupro, o roubo, a destruição, o incêndio, a pilhagem. E todos esses crimes são reputados como abençoados pelo Deus dos cristãos, que cada um dos Estados beligerantes considera e proclama seu partidário, à exclusão do outro — o que naturalmente deve colocar em grande embaraço esse pobre Bom Deus, em nome do qual os crimes mais hediondos foram e continuam a ser cometidos sobre a terra. Eis por que somos inimigos do Bom Deus, e consideramos essa ficção, esse fantasma divino, uma das principais fontes dos males que atormentam os Homens.

Eis por que somos igualmente adversários exacerbados do Estado e de todos os Estados. Enquanto houver Estados, não haverá humanidade, e enquanto houver Estados, a guerra e os horríveis crimes de guerra, e a ruína, a miséria dos povos, que são suas conseqüências inevitáveis, serão permanentes.

Enquanto os Estados existirem, as massas populares, mesmo nas repúblicas mais democráticas, serão escravas de fato, pois elas não trabalharão com vistas a sua própria felicidade e sua própria riqueza, mas para o poderio e para a riqueza do Estado. E o que é o Estado? Sustenta-se que é a expressão e a realização da utilidade, do bem, do direito e da liberdade de todo mundo. Pois bem, aqueles que sustentam isso mentem, assim como mentem aqueles que declaram que o Bom Deus é o protetor de todo mundo. Desde que a fantasia de um Ser divino se formou na imaginação dos Homens, Deus, todos os deuses, e entre eles, sobretudo, o Deus dos cristãos, sempre tomou partido pelos fortes e pelos ricos contra as massas ignorantes e miseráveis. Ele abençoou, por intermédio de seus padres, os privilégios mais revoltantes, as opressões e as explorações mais infames.

Do mesmo modo, o Estado outra coisa não é senão a garantia de todas as explorações em proveito de um pequeno número de felizes privilegiados, em detrimento das massas populares. Ele se serve da força coletiva e do trabalho de todos para assegurar a felicidade, a prosperidade e os privilégios de alguns, em detrimento do direito humano de todos. É um estabelecimento para o qual a minoria desempenha o papel de martelo e a maioria representa a bigorna.

Até a grande Revolução, a classe burguesa, ainda que em grau menor do que as massas populares, tinha feito parte da bigorna. E foi por esse motivo que ela foi revolucionária.

Sim, ela foi revolucionária. Ousou revoltar-se contra todas as autoridades divinas e humanas e questionou Deus, os reis, o Papa. Atacou sobretudo a nobreza, que ocupava, no Estado, um lugar que ela, por sua vez, ardia de impaciência em ocupar. Mas não, eu não quero ser injusto, e não posso de forma alguma sustentar que, em seus magníficos protestos contra a tirania divina e humana, ela tenha sido conduzida e incitada unicamente por um pensamento egoísta. A força das coisas, a própria natureza de sua organização particular, tinham-na levado instintivamente a tomar o poder. Mas como ainda não possuía a consciência do abismo que a separa realmente das massas operárias que explora, como essa consciência ainda não havia despertado no próprio seio do proletariado, a burguesia, representada, nessa luta contra a Igreja e o Estado, por seus mais nobres espíritos e por suas maiores qualidades, acreditou de boa-fé que trabalhava igualmente para a emancipação de todos.

Os dois séculos que separam as lutas da Reforma religiosa daquelas da grande Revolução foram o período heróico da classe burguesa. Tornada poderosa pela riqueza e pela inteligência, atacou audaciosamente todas as instituições respeitadas da Igreja e do Estado. Ela minou tudo, inicialmente pela literatura e pela crítica filosófica; mais tarde, derrubou tudo pela revolta aberta. Foi ela quem fez a revolução de 1789 e de 1793. Sem dúvida só pôde fazê-la servindo-se da força popular; mas foi ela quem organizou essa força e que a dirigiu contra a Igreja, contra a realeza e contra a nobreza. Foi ela quem pensou e quem tomou a iniciativa de todos os movimentos que o povo executou. A burguesia tinha fé em si mesma, sentia-se poderosa porque sabia que atrás dela, com ela, havia o povo.

Se alguém compara os gigantes do pensamento e da ação emanados da classe burguesa no século XVIII, com as maiores celebridades, com os célebres anões vaidosos que a representam em nossos dias, poder-se-á convencer da decadência, da queda terrível que se produziu nessa classe. No século XVIII, ela era inteligente, audaciosa, heróica. Hoje se mostra covarde e estúpida. Outrora, cheia de fé, tudo ousava e tudo podia. Hoje, atormentada pela dúvida e desmoralizada por sua própria iniqüidade, que está mais em sua situação do que em sua vontade, oferece-nos o quadro da mais vergonhosa impotência.

Os recentes eventos da França provam-no muito bem. A burguesia mostra-se totalmente incapaz de salvar a França. Ela preferiu a invasão dos prussianos à revolução popular, única a poder operar essa salvação.

Deixou cair de suas débeis mãos a bandeira dos progressos humanos, a da emancipação universal. E o proletariado de Paris hoje nos prova que os trabalhadores são, doravante, os únicos capazes de portá-la.

Numa próxima sessão, cuidarei de demonstrá-lo.

II

Caros companheiros, eu vos disse da outra vez que dois grandes eventos históricos haviam fundado a força da burguesia: a revolução religiosa do século XVI, conhecida sob o nome de Reforma, e a grande Revolução política do século passado [XVIII]. Acrescentei que esta última, realizada decerto pela força do braço popular, havia sido iniciada e dirigida exclusivamente pela classe média. Devo também vos provar, agora, que foi também a classe média, exclusivamente, que se aproveitou disso.

E, todavia, o programa dessa Revolução, à primeira vista, parece imenso. Ela não se realizou em nome da Liberdade, da Igualdade e da Fraternidade da espécie humana, três palavras que parecem abraçar tudo o que no presente e no futuro a humanidade pode desejar realizar? Como é possível, portanto, que uma Revolução que se havia anunciado de maneira tão ampla tenha resultado miseravelmente na emancipação exclusiva, restrita e privilegiada, de uma única classe, em detrimento desses milhões de trabalhadores que se encontram hoje esmagados pela prosperidade insolente e iníqua dessa classe?

Ah! É que essa Revolução foi apenas uma revolução política. Ela havia audaciosamente derrubado todas as barreiras, todas as tiranias políticas, mas havia deixado intactas — havia inclusive proclamado sagradas e invioláveis — as bases econômicas da sociedade, que foram a fonte eterna, o fundamento principal de todas as iniqüidades políticas e sociais, de todos os absurdos religiosos passados e presentes. Ela havia proclamado a liberdade de cada um e de todos, ou melhor, proclamara o direito de ser livre para cada um e para todos. Mas ela havia dado realmente os meios para realizar essa liberdade e dela usufruir somente aos proprietários, aos capitalistas, aos ricos.

"A pobreza é a escravidão!"

Eis as terríveis palavras que, com sua voz simpática, emanada da experiência e do coração, nosso amigo Clément[1] repetiu-nos várias vezes, nestes poucos dias que tenho a felicidade de passar em vosso meio, caros companheiros e amigos.

Sim, a pobreza é a escravidão, é a necessidade de vender seu trabalho, e com seu trabalho sua pessoa, ao capitalista que vos dá o meio de não morrer de fome. É preciso ter realmente o espírito interessado na mentira dos Senhores burgueses para ousar falar da liberdade política das massas operárias! Bela liberdade essa que os escraviza aos caprichos do capital e os acorrenta, à vontade do capitalista, pela fome! Caros amigos, seguramente não preciso vos provar, a vós que aprendestes

---

[1] Sylvain Clément, fotógrafo em Saint-Imier. Deve-se-lhe uma foto de Bakunin, tirada em maio de 1871, no momento das *Três conferências*. Em julho desse mesmo ano ele entrou para o Comitê Federal Jurassiano. [Nota de Arthur Lehning]

a conhecer por longa e dura experiência as misérias do trabalho, que, enquanto o capital permanecer de um lado, e o trabalho do outro, o trabalho será o escravo do capital, e os trabalhadores, os governados dos Senhores burgueses, que vos dão, por irrisão, todos os direitos políticos, todas as aparências da liberdade, para conservar a realidade dessa liberdade exclusivamente para si mesmos.

O direito à liberdade, sem os meios de realizá-la, é apenas uma quimera. E amamos muito a liberdade para nos contentarmos com sua fantasia, não é verdade? Nós desejamos sua realidade. Mas o que constitui o fundamento real e a condição positiva da liberdade? É o desenvolvimento integral e a plena fruição de todas as faculdades corporais, intelectuais e morais para todos. São, conseqüentemente, todos os meios materiais necessários à existência humana de todos; são, em seguida, a educação e a instrução. Um homem que morre de inanição, que se encontra esmagado pela miséria, que se acaba, a cada dia, de frio e de fome, e que, vendo sofrer todos aqueles a quem ama, não pode socorrê-los, não é um homem livre, é um escravo. Um homem condenado a permanecer toda a sua vida um ser brutal, por falta de educação humana, um homem privado de instrução, um ignorante, é necessariamente um escravo; e se ele exerce direitos políticos, podeis estar certos de que, de uma maneira ou de outra, os exercerá sempre contra ele mesmo, em proveito de seus exploradores, de seus senhores.

A condição negativa da liberdade é a seguinte: nenhum homem deve obediência a outro; ele só é livre sob a condição de que todos os seus atos sejam determinados, não pela vontade de outros homens, mas por suas próprias vontades e convicções. Mas um homem a quem a fome obriga a vender seu trabalho, e, com seu trabalho, sua pessoa, pelo mais baixo valor possível, ao capitalista que consente em explorá-lo; um homem que sua própria brutalidade e sua ignorância abandonam à mercê de seus sábios exploradores, será, necessariamente e sempre, um escravo.

Isto não é tudo. A liberdade dos indivíduos não é absolutamente um fato individual, é um fato, um produto coletivo. Nenhum homem poderia ser livre fora e sem o concurso de toda a sociedade humana. Os individualistas, ou os pseudo-irmãos socialistas, que combatemos em todos os congressos de trabalhadores, sustentaram, com os moralistas e os economistas burgueses, que o Homem podia ser livre, que ele podia ser Homem, fora da sociedade, dizendo que a sociedade tinha sido fundada por um livre contrato de Homens anteriormente livres.

Essa teoria, proclamada por J.-J. Rousseau, o escritor mais nocivo do século passado [XVIII], o sofista que inspirou todos os revolucionários burgueses, essa teoria denota uma completa ignorância, tanto da natureza quanto da história. Não é no passado, nem no presente, que devemos buscar a liberdade das massas; é no futuro — em um futuro próximo: é nessa jornada de amanhã que devemos criar, nós mesmos, pela força de nosso pensamento, de nossa vontade, mas também pela força de nossos braços. Antes de nós, nunca houve livre contrato, só houve brutalidade, estupidez, iniqüidade e violência — e ainda hoje, vós o sabeis muito bem, esse pretenso livre contrato denomina-se pacto de fome, a escravidão da fome para as massas e a exploração da fome pelas minorias que nos devoram e nos oprimem.

A teoria do livre contrato é igualmente falsa do ponto de vista da natureza. O Homem não cria voluntariamente a sociedade: ele nasce involuntariamente nela. Ele é por excelência um animal social. Só pode se tornar um Homem, isto é, um animal pensante, falante, amando e desejando, em sociedade. Imaginai o Homem dotado pela natureza das faculdades mais geniais, jogado desde sua primeira infância fora de toda sociedade humana, em um deserto. Se ele não perecer miseravelmente, o que é o mais provável, outra coisa não será senão um animal, um macaco, privado de fala e de pensamento — pois o pensamento é inseparável da fala: ninguém pode pensar sem palavras. Mesmo quando, perfeitamente isolado, encontrai-vos sozinho, para pensar deveis fazer uso de palavras; bem podeis ter imaginações representativas das coisas, mas tão logo desejais pensar uma coisa, deveis vos servir de palavras, pois somente as palavras determinam o pensamento e dão às representações fugitivas, aos instintos, o caráter de pensamento. O pensamento não existe antes da fala, nem a fala antes do pensamento; essas duas formas de um mesmo ato do cérebro humano nascem juntas. Assim, nada de pensamento sem fala. Mas o que é a fala? É a comunicação, é a conversação de um indivíduo humano com muitos outros indivíduos. O Homem animal só se transforma em ser humano, quer dizer, pensante, pela conversação, nessa conversação. Sua individualidade, sendo humana, sua liberdade, é, portanto, produto da coletividade.

O Homem só se emancipa da pressão tirânica, que sobre todos exerce a natureza exterior, pelo trabalho coletivo; isso porque o trabalho individual, impotente e estéril, nunca poderia vencer a natureza. O trabalho positivo, aquele que criou todas as riquezas e toda a nossa civilização, sempre foi um trabalho social, coletivo; apenas, até o presente, ele foi iniquamente explorado por indivíduos em detrimento das massas operárias. Da mesma forma, a educação e a instrução que desenvolvem o Homem, essa educação e essa instrução das quais os Senhores burgueses são tão orgulhosos, e que vertem com tanta parcimônia sobre as massas populares, são igualmente produtos de toda a sociedade. O trabalho e, direi até mesmo mais, o pensamento instintivo do povo as criam, mas eles as criaram, até agora, unicamente em proveito dos indivíduos burgueses. É, portanto, ainda uma exploração de trabalho coletivo por indivíduos que não possuem nenhum direito a fazê-la.

Tudo o que é humano no Homem, e mais do que qualquer outra coisa, a liberdade, é o produto de trabalho social, coletivo. Ser livre no isolamento absoluto é um absurdo inventado pelos teólogos e metafísicos, que substituíram a sociedade dos Homens pela de seu fantasma, de Deus. Todos, dizem eles, se sentem livres na presença de Deus, quer dizer, do vazio absoluto, do nada; é, portanto, a liberdade do nada, ou então o nada da liberdade, a escravidão. Deus, a ficção de Deus, foi historicamente a fonte moral, ou melhor, imoral, de todas as escravizações.

Quanto a nós, que não queremos nem fantasias, nem nada, mas a realidade humana viva, reconhecemos que o Homem só pode sentir-se e saber-se livre — e, conseqüentemente, só pode realizar sua liberdade — no meio dos Homens. Para ser livre, necessito ver-me rodeado, e reconhecido como tal, por Homens livres. Só sou livre quando minha personalidade, refletindo-se, como em inúmeros espelhos, na consciência igualmente livre de todos os Homens que me cercam, retorna-me reforçada pelo reconhecimento de todos. A liberdade de todos, longe de ser um limite da minha, como sustentam os individualistas, é, ao contrário, sua confirmação, sua realização e sua extensão infinita. Desejar a liberdade e a dignidade humana de todos os Homens, ver e sentir minha liberdade confirmada, sancionada, infinitamente ampliada pelo assentimento de todos, eis a felicidade, o paraíso humano sobre a terra.

Mas essa liberdade só é possível na igualdade. Se há um ser humano mais livre do que eu, torno-me forçosamente seu escravo; se o sou mais do que ele, ele será o meu. Assim, a igualdade é uma condição absolutamente necessária da liberdade.

Os burgueses revolucionários de 1793 compreenderam muito bem essa necessidade lógica. Dessa forma, a palavra *Igualdade* aparece como o segundo termo em sua fórmula revolucionária: *Liberdade, Igualdade, Fraternidade*. Mas que igualdade? A igualdade diante da lei, a igualdade dos direitos políticos, a igualdade dos cidadãos no Estado. Observai bem esse termo, igualdade dos cidadãos, não a dos Homens; isso porque o Estado não reconhece em absoluto os Homens, só reconhece os cidadãos. Para ele, o Homem só existe quando exerce — ou que, por pura ficção, supõem exercer — os direitos políticos. O Homem que é esmagado pelo trabalho forçado, pela miséria, pela fome, o Homem que é socialmente oprimido, economicamente explorado, esmagado, e que sofre, não existe absolutamente para o Estado, que ignora seus sofrimentos e sua escravidão econômica e social, sua servidão real que se esconde sob as aparências de uma liberdade política mentirosa. É, portanto, a igualdade política, não a igualdade social.

Meus caros amigos, vós todos sabeis, por experiência, o quanto essa pretensa igualdade política não fundada sobre a igualdade econômica e social é enganadora. Em um Estado amplamente democrático, por exemplo, todos os Homens que alcançaram a maioridade, e que não se encontram sob os efeitos de uma condenação criminal, possuem o direito, e até mesmo, acrescentemos, o dever de exercer todos os direitos políticos e de exercer todas as funções para as quais pode designá-los a confiança de seus concidadãos. O último homem do povo, o mais pobre, o mais ignorante, pode e deve exercer todos esses direitos e ocupar todas essas funções: pode-se imaginar uma igualdade mais ampla do que essa? Sim, ele o deve, pode legalmente; mas, na realidade, isso lhe é impossível. Esse poder é apenas facultativo para os Homens que fazem parte das massas populares, mas ele não se torna, nunca poderá se tornar real para eles a não ser por uma transformação radical das bases econômicas da sociedade — ou seja, a menos que ocorra uma revolução social. Esses pretensos direitos políticos exercidos pelo povo são, portanto, apenas uma vã ficção.

Estamos cansados de todas as ficções, tanto religiosas quanto políticas. O povo está cansado de se nutrir de fantasias e fábulas. Esse alimento não engorda. Hoje, ele pede a realidade. Vejamos o que há de real, para ele, no exercício dos direitos políticos.

Para desempenhar conscienciosamente as funções, e principalmente as mais altas funções, do Estado, é preciso possuir, de saída, um bem elevado grau de instrução. O povo carece absolutamente dessa instrução. É sua culpa? Não, é culpa das instituições. O grande dever de todos os Estados verdadeiramente democráticos é disseminar amplamente a instrução entre o povo. Há sequer um Estado que o tenha feito? Não falemos dos Estados monárquicos, que possuem interesse evidente em disseminar não a instrução, mas o veneno do catecismo cristão nas massas. Falemos dos Estados republicanos e democráticos, como os Estados Unidos da América e a Suíça. Certamente, deve-se reconhecer que esses dois Estados fizeram mais do que todos os outros pela instrução popular. Mas alcançaram o objetivo, apesar de toda a sua boa vontade? Foi possível, a eles, dar indistintamente a todas as crianças que nascem em seu seio igual instrução? Não, é impossível. Para os filhos dos burgueses, a instrução superior, para os filhos do povo somente a instrução primária, e, em raras ocasiões, um pouco de instrução secundária. Por que essa diferença? Pela simples razão de que os homens do povo, os trabalhadores dos campos e das cidades, não possuem o meio de sustentar, quer dizer, alimentar, vestir, alojar seus filhos, durante toda a duração de seus estudos. Para dedicar-se a uma instrução científica, é preciso estudar até a idade de 21 anos, e algumas vezes, até os 25 anos. Pergunto-vos, quais são os operários que estão em condições de sustentar por tanto tempo seus filhos? Esse sacrifício está acima de suas forças, visto que eles não têm nem capitais, nem propriedade, e porque vivem o dia-a-dia de seu salário, que mal dá para o sustento de uma família numerosa.

É ainda preciso dizer, caros companheiros, que vós, trabalhadores das Montanhas, operários em uma profissão que a produção capitalista, quer dizer, a exploração dos grandes capitais, ainda não conseguiu absorver, vós sois, comparativamente, muito felizes. Trabalhando em pequenos grupos em vossas oficinas, e freqüentemente até mesmo trabalhando em vossas casas, ganhais muito mais do que se ganha nos grandes estabelecimentos industriais que empregam centenas de operários; vosso trabalho é inteligente, artístico, não embrutece como aquele que se faz pelas máquinas. Vossa habilidade, vossa inteligência servem para alguma coisa. E, além do mais, tendes muito mais lazer e liberdade relativa; é por isso que sois mais instruídos, mais livres e mais felizes do que os outros.

Nas imensas fábricas estabelecidas, dirigidas e exploradas pelos grandes capitais, e nas quais são as máquinas, não os Homens, que desempenham o papel principal, os operários tornam-se necessariamente miseráveis escravos — de tal forma miseráveis que, na maioria das vezes, são forçados a condenar seus pobres filhinhos, com seis anos apenas, a trabalharem doze, quatorze, dezesseis horas por dia, por alguns miseráveis trocados. E o fazem não por cupidez, mas por necessidade. Sem isso, não seriam capazes de prover o mínimo a suas famílias.

Eis a instrução que eles lhes podem dar. Não acredito que deva perder mais tempo com palavras para vos provar, caros companheiros, a vós que o sabeis tão bem pela experiência e que já estais tão profundamente convencidos de que, *enquanto o povo trabalhar não para ele mesmo, mas para enriquecer os detentores da propriedade e do capital*, a instrução que poderá dar a seus filhos sempre será infinitamente inferior àquela dos filhos da classe burguesa.

Eis, portanto, uma grande e funesta desigualdade social que necessariamente encontrareis na própria base da organização dos Estados: uma massa forçosamente ignorante, e uma minoria privilegiada que, se nem sempre é muito inteligente, é pelo menos, comparativamente, muito instruída. É fácil tirar essa conclusão. A minoria instruída governará eternamente as massas ignorantes.

Não se trata somente da desigualdade natural dos indivíduos; é uma desigualdade à qual somos forçados a nos resignar. Um tem uma organização mais feliz do que o outro; um nasce com uma faculdade natural de inteligência e de vontade maior do que os outros. Mas me apresso em acrescentar: essas diferenças não são absolutamente tão grandes quanto se quer fazer crer. Mesmo do ponto de vista natural, os Homens são aproximadamente iguais, as qualidades e os defeitos compensam-se, *grosso modo*, em cada um. Só há duas exceções a essa lei de igualdade natural: são os Homens de gênio e os idiotas. Mas as exceções não fazem a regra, e, em geral, pode-se dizer que todos os indivíduos humanos se valem, e que, se existem diferenças enormes entre os indivíduos na sociedade atual, elas têm sua origem na desigualdade monstruosa da educação e da instrução, e não na natureza.

A criança dotada das maiores faculdades, mas nascida em família pobre, em família de trabalhadores, vivendo o dia-a-dia de seu rude trabalho cotidiano, vê-se condenada à ignorância, que, ao invés de desenvolvê-la, mata todas as suas faculdades naturais: ela será o trabalhador, o operário, aquele forçado a sustentar e alimentar burgueses que, naturalmente, são muito mais estúpidos do que ela. O filho do burguês, ao contrário, o filho do rico, por mais parvo que seja, naturalmente receberá a educação e a instrução necessárias para desenvolver, na medida do possível, suas pobres faculdades: ele será um explorador do trabalho, o senhor, o patrão, o legislador, o governador — um Senhor. Por mais parvo que seja, fará leis para o povo, contra o povo, e governará as massas populares.

Em um Estado democrático, dir-se-á, o povo só escolherá os bons. Mas como reconhecerá os bons? Ele não possui nem a instrução necessária para julgar o bom e o mau, nem o lazer necessário para aprender a conhecer os Homens que se propõem à sua eleição. Esses Homens vivem, por sinal, em uma sociedade diferente da sua: eles só vêm tirar seu chapéu diante de Sua Majestade, o povo soberano, no momento das eleições, e, uma vez eleitos, viram-lhe as costas. Por sinal, pertencentes à classe privilegiada, à classe exploradora, por mais excelentes que sejam como membros de suas famílias e de sua sociedade, serão sempre maus para o povo, porque, naturalmente, sempre desejarão conservar esses privilégios que constituem a própria base de sua existência social, e que condenam o povo a uma eterna escravidão.

Mas por que o povo não envia para as assembléias legislativas e para o governo seus Homens, homens do povo? — Antes de mais nada, porque os homens do povo, tendo de viver do trabalho de seus braços, não têm tempo para se dedicarem exclusivamente à política; e, não podendo fazê-lo, sendo na maioria das vezes, ignorantes quanto a questões políticas e econômicas tratadas nessas altas esferas, eles serão quase sempre trouxas dos advogados e dos políticos burgueses. E, em seguida, porque bastará, na maioria das vezes, que esses homens do povo entrem para o governo para se tornarem, por sua vez, burgueses, às vezes até mesmo mais detestáveis e mais desdenhosos do povo dos quais emanaram do que os próprios burgueses de nascimento.

Vede, portanto, que a igualdade política, mesmo nos Estados mais democráticos, é uma mentira. O mesmo acontece com a igualdade jurídica, a igualdade diante da lei. A lei é feita pelos burgueses, para os burgueses, e é exercida pelos burgueses contra o povo. O Estado e a lei que o exprime só existem para eternizar a escravidão do povo em proveito dos burgueses.

Por sinal, vós o sabeis, quando vos encontrais lesados em vossos interesses, em vossa honra, em vossos direitos, e que desejais abrir um processo, para fazê-lo deveis inicialmente provar que estais em condição de pagar as despesas processuais, o que significa que deveis depositar uma determinada soma. E se não tendes condições de efetuar o depósito, não podeis abrir o processo. Mas o povo, a maioria dos trabalhadores, possui somas para depositar no tribunal? Na maioria das vezes, não. Assim, o rico poderá atacar-vos, insultar-vos impunemente, — pois não há absolutamente justiça para o povo.

Enquanto não houver igualdade econômica e social, enquanto uma minoria qualquer puder tornar-se rica, proprietária, capitalista, não pelo próprio trabalho individual, mas pela herança, a igualdade política será uma mentira. Sabeis qual é a verdadeira definição da propriedade hereditária? É a faculdade hereditária de explorar o trabalho coletivo do povo e de escravizar as massas.

Eis o que os maiores heróis da Revolução de 1793 — nem Danton, nem Robespierre, nem Saint-Just — não compreenderam. Eles só queriam a liberdade e a igualdade políticas, não econômicas e sociais. E foi por isso que a liberdade e a igualdade por eles fundadas constituíram e assentaram sobre novas bases o domínio dos burgueses sobre o povo.

Eles acreditaram mascarar essa contradição colocando como terceiro termo de sua fórmula revolucionária a *Fraternidade*. Foi mais uma mentira! Pergunto-vos: é possível a fraternidade entre os exploradores e os explorados, entre os opressores e os oprimidos? De que forma? Eu vos farei suar e sofrer durante todo o dia e, à noite, quando eu tiver recolhido o fruto de vosso sofrimento e de vosso suor, deixando-vos apenas uma ínfima parte a fim de que possais viver, quer dizer, novamente suar e sofrer em meu proveito ainda amanhã — à noite, eu vos direi: abracemo-nos, somos irmãos!

Tal é a fraternidade da Revolução burguesa.

Meus caros amigos, nós também desejamos a nobre Liberdade, a salutar Igualdade e a santa Fraternidade. Mas desejamos que essas belas, essas grandes coisas, cessem de ser ficções, mentiras, tornem-se uma verdade e constituam a realidade!

Tal é o sentido e o objetivo do que nós denominamos Revolução social.

Ela pode resumir-se em poucas palavras: ela quer e nós queremos que todo Homem que nasça sobre esta terra possa se tornar um Homem no sentido mais completo desse termo; que ele tenha não somente o direito, mas todos os meios necessários para desenvolver todas as suas faculdades, e ser livre, feliz, na igualdade e para a fraternidade! Eis o que todos nós desejamos, e estamos todos prontos a morrer para alcançar esse objetivo.

Eu vos peço, amigos, uma terceira e última sessão para vos expor completamente meu pensamento.

III

Caros companheiros, eu vos disse na última vez como a burguesia, sem ter, ela mesma, completamente consciência, mas em parte também, pelo menos em um quarto, conscientemente, serviu-se do braço poderoso do povo, durante a grande Revolução de 1789-1793, para assentar, sobre as ruínas do mundo feudal, sua própria força. Dali em diante ela se tornou a classe dominante. É sem razão que se acredita que foram a nobreza emigrada e os padres que promoveram o golpe de Estado reacionário de Termidor, que derrubou e matou Robespierre e Saint-Just, e que guilhotinou ou deportou uma multidão de seus partidários. Sem dúvida, muitos membros desses dois corpos destituídos tomaram parte ativa na intriga, felizes em ver cair aqueles que os fizeram tremer e que lhes teriam cortado a cabeça sem piedade. Mas eles sozinhos nada teriam podido fazer. Despossuídos de seus bens, haviam sido reduzidos à impotência. Foi essa parte da classe burguesa que enriquecera pela compra dos bens nacionais, pelos aprovisionamentos da guerra e pelo manejo dos fundos públicos, aproveitando-se da miséria pública e da própria bancarrota para engordar seus bolsos, foram eles, esses virtuosos representantes da moralidade e da ordem pública, os principais instigadores dessa reação. Eles foram ardente e poderosamente apoiados pela massa dos comerciantes, raça eternamente malfazeja e covarde, que engana e envenena o povo pormenorizadamente, vendendo-lhe suas mercadorias fraudulentas, e que possui toda a ignorância do povo sem ter o seu grande coração, toda a vaidade da aristocracia burguesa sem ter os bolsos cheios; covarde durante as revoluções, torna-se feroz na reação. Para ela, todas essas idéias que fazem palpitar o coração das massas, os grandes princípios, os grandes interesses da humanidade, não existem. Ela ignora até mesmo o patriotismo, ou só conhece a vaidade e as fanfarronadas dele. Nenhum sentimento que possa arrancá-la das preocupações mercantis, das miseráveis preocupações do dia-a-dia. Todo mundo viu, e os homens de todos os partidos confirmaram-nos que durante esse terrível cerco de Paris — enquanto o povo combatia, e a classe dos ricos intrigava e preparava a traição que entregou Paris aos prussianos, enquanto o proletariado generoso, as mulheres e as crianças do povo estavam semifamintas — os comerciantes só tinham uma única preocupação: a de vender suas mercadorias, seus gêneros alimentícios, os objetos mais necessários à subsistência do povo, o mais caro possível.

Os comerciantes de todas as cidades da França fizeram a mesma coisa. Nas cidades invadidas pelos prussianos, eles lhes abriram as portas. Nas cidades não invadidas, preparavam-se para abri-las; paralisaram a defesa nacional, e, em todos os lugares onde puderam, opuseram-se à insurreição e ao armamento populares, os únicos que podiam salvar a França. Os comerciantes nas cidades, tanto quanto os camponeses nos campos, constituem, hoje, o exército da reação. Os camponeses poderão e deverão ser convertidos à revolução, os comerciantes jamais.

Durante a grande Revolução, a burguesia estava dividida em duas categorias, uma delas, constituindo a ínfima minoria, era a burguesia revolucionária, conhecida sob o nome genérico de jacobinos. Não se deve confundir os jacobinos de hoje com os de 1793. Estes de hoje são apenas pálidos fantasmas e ridículos abortos, caricaturas dos heróis do século passado [XVIII]. Os jacobinos de 1793 eram grandes homens, possuíam o fogo sagrado, o culto da justiça, da liberdade e da igualdade. Não foi por sua culpa se não compreenderam melhor certas palavras que resumem ainda hoje todas as nossas aspirações. Eles só consideraram seu lado político, não seu sentido econômico e social. Mas, repito, não foi sua culpa, como não é nosso mérito compreendê-las hoje. É culpa e mérito do tempo. A humanidade se desenvolve lentamente, muito lentamente, é lamentável, e é apenas por uma sucessão de erros e faltas, e de cruéis experiências sobretudo, que são sempre sua conseqüência necessária, que os Homens conquistam a verdade. Os jacobinos de 1793 foram homens de boa-fé, Homens inspirados pela idéia, devotados a ela. Eles foram heróis! Se não o tivessem sido, se não tivessem tido essa santa e grande sinceridade, não teriam realizado os grandes atos da grande Revolução. Podemos e devemos combater os erros teóricos dos Dantons, dos Robespierres, dos Saint-Justs, mas, ainda que combatendo suas idéias falsas, estreitas, exclusivamente burguesas, em economia social, devemos nos inclinar diante de sua força revolucionária. Foram os últimos heróis da classe burguesa, outrora tão fecunda em heróis.

Fora dessa minoria heróica, havia a grande massa da burguesia materialmente exploradora, para a qual as idéias, os grandes princípios da grande Revolução, não eram senão palavras, que só tinham valor e sentido enquanto os burgueses delas podiam se servir para encher seus bolsos tão amplos e tão respeitáveis. Tendo os mais ricos e, conseqüentemente, também, os mais influentes dentre eles, enchido os seus ao som da grande Revolução e por meio dessa, acharam que a grande Revolução havia durado muito tempo, que já era hora de acabar com ela e restabelecer o reinado da lei e da ordem pública.

Eles derrubaram o Comitê de salvação pública, mataram Robespierre, Saint-Just e seus amigos, e estabeleceram o Diretório, que foi a verdadeira encarnação da depravação burguesa do final do século passado, o triunfo e o reinado do ouro adquirido e centralizado nos bolsos de alguns milhares de indivíduos pelo roubo.

Mas a França, que ainda não tivera tempo de se corromper, e que ainda estava palpitante pelos grandes feitos da grande Revolução, não pôde suportar por muito tempo esse regime. Houve dois protestos, um malogrado, outro triunfante. O primeiro, se houvesse tido êxito, se tivesse podido ter êxito, teria salvo a França e o mundo; o triunfo do segundo inaugurou o despotismo dos reis e a escravidão dos povos. Falo da insurreição de Babeuf e da usurpação do primeiro Bonaparte.

A insurreição de Babeuf foi a última tentativa revolucionária do século passado [XVIII]. Babeuf e seus amigos tinham sido mais ou menos amigos de Robespierre e de Saint-Just. Foram jacobinos socialistas. Tinham tido o culto da igualdade, mesmo em detrimento da liberdade. Seu plano era muito simples: expropriar todos os proprietários e todos os detentores de instrumentos de trabalho e outros capitais em proveito do Estado republicano, democrático e social, de modo que o Estado, tornando-se o único proprietário de todas as riquezas, tanto mobiliárias quanto imobiliárias, tornar-se-ia, conseqüentemente, o único empregador, o único patrão da sociedade; munido ao mesmo tempo da onipotência política, apoderar-se-ia, com exclusividade, da educação e da instrução iguais para todas as crianças e forçaria todos os indivíduos maiores a trabalhar e viver segundo a igualdade e a justiça. Toda autonomia comunal, toda iniciativa individual, toda liberdade, em resumo, desapareceria, esmagada por esse poder formidável. A sociedade por inteiro não deveria mais representar senão um quadro de uniformidade monótona e forçada. O governo seria eleito pelo sufrágio universal, mas, uma vez eleito, e enquanto permanecesse em função, exerceria sobre todos os membros da sociedade um poder absoluto.

A teoria da igualdade estabelecida à força pelo poderio do Estado não foi inventado por Babeuf. Os primeiros fundamentos dessa teoria haviam sido lançados por Platão, vários séculos antes de Jesus Cristo, em sua *República*, obra na qual esse grande pensador da Antigüidade tentou esboçar o quadro de uma sociedade igualitária. Os primeiros cristãos exerceram incontestavelmente um comunismo prático em suas associações, perseguidas por toda a sociedade oficial. Enfim, no começo mesmo da Revolução religiosa, no primeiro quartel do século XVI, na Alemanha, Thomas Münzer e seus discípulos fizeram a primeira tentativa para estabelecer a igualdade social sobre uma base muito ampla. A conspiração de Babeuf foi a segunda manifestação prática da idéia igualitária nas massas. Todas essas tentativas, sem excetuar essa última, tiveram de fracassar por duas razões: de início, porque as massas não se tinham desenvolvido suficientemente para tornar sua realização possível; em seguida, e, sobretudo, porque em todos esses sistemas, a igualdade aliava-se à força, à autoridade do Estado, e, conseqüentemente, excluía a liberdade. E nós o sabemos, caros amigos, a igualdade só é possível com e pela liberdade: não por essa liberdade exclusiva dos burgueses que está fundada sobre a escravidão das massas e que não é liberdade, mas privilégio; mas por essa liberdade universal dos seres humanos, que eleva todos à dignidade de Homem. Mas também sabemos que essa liberdade só é possível na igualdade. Revolta não somente teórica, mas prática, contra todas as instituições e contra todas as relações sociais criadas pela desigualdade, em seguida, estabelecimento da igualdade econômica e social pela liberdade de todos: eis nosso programa atual, aquele que deve triunfar apesar dos Bismarcks, dos Napoleões, dos Thiers, e apesar de todos os cossacos de meu augusto imperador, o czar de todas as Rússias.

A conspiração de Babeuf havia reunido em seu seio tudo o que, depois das execuções e das deportações do golpe de Estado reacionário de Termidor, havia restado de cidadãos devotados à Revolução de Paris, e necessariamente muitos operários. Ela fracassou; muitos foram guilhotinados, mas muitos tiveram a felicidade de escapar. Entre outros, o cidadão Buonarroti, um homem de ferro, uma personalidade antiga, de tal forma respeitável que soube se fazer respeitar pelos homens dos partidos mais opostos. Viveu muito tempo na Bélgica, onde se tornou o principal fundador da sociedade secreta dos carbonaro-comunistas; e, em livro hoje muito raro, mas que tentarei enviar a nosso amigo Adhémar,[2] ele conta

---

[2] Adhémar Schwitzguébel. [N. do T.]

essa lúgubre história, esse último protesto heróico da Revolução contra a reação, conhecida sob o nome de conspiração de Babeuf.

O outro protesto da sociedade contra a corrupção burguesa que havia se apoderado do poder sob o nome de Diretório foi, como eu já disse, a usurpação do primeiro Bonaparte.

Essa história, mil vezes mais lúgubre ainda, é conhecida por todos vós. Foi a primeira implantação do regime infame e brutal do sabre, a primeira bofetada desferida, no início deste século [XIX], por um *parvenu* insolente, na face da humanidade. Napoleão I tornou-se o herói de todos os déspotas, ao mesmo tempo que militarmente foi o terror deles. Vencido, ele lhes deixou sua funesta herança, seu infame princípio: o desprezo pela humanidade, e sua opressão pelo sabre.

Eu não vos falarei da Restauração. Foi uma tentativa ridícula de devolver a vida e o poder político a dois corpos deteriorados e decadentes: à nobreza e aos padres. O único fato importante que houve sob a Restauração foi que, atacada, ameaçada nesse poder que ela acreditava ter para sempre conquistado, a burguesia voltara a ser quase revolucionária. Inimiga da ordem pública tão logo essa ordem pública deixa de ser a sua, quer dizer, tão logo essa ordem estabeleceu e garantiu outros interesses que não os seus, ela conspirou de novo. Os Srs. Guizot, Périer, Thiers e tantos outros, que sob Luís Felipe distinguiram-se como os mais fanáticos partidários e defensores de um governo opressivo, corruptor, mas burguês e, conseqüentemente, perfeito a seus olhos, todas essas almas condenadas da reação burguesa, conspiraram sob a Restauração. Eles triunfaram em julho de 1830, e o reinado do *liberalismo burguês* foi inaugurado.

É de 1830 que data verdadeiramente o domínio exclusivo dos interesses e da política burguesa na Europa; principalmente na França, na Inglaterra, na Bélgica, na Holanda e na Suíça. Nos outros países, tais como a Alemanha, a Dinamarca, a Suécia, a Itália, a Espanha e Portugal, os interesses burgueses haviam sobrepujado todos os outros, mas não o governo político dos burgueses. Eu não vos falo desse grande e miserável Império de todas as Rússias, que ainda permanece submisso ao despotismo absoluto dos czares, e que não tem propriamente classe política intermediária, nada de corpo político burguês; e onde não há, com efeito, de um lado, senão o mundo oficial, uma organização militar, policial e burocrática, para satisfazer os caprichos do czar, do outro, o povo, dezenas de milhões devorados pelo czar e por seus funcionários. Na Rússia, a revolução virá diretamente do povo, como eu desenvolvi amplamente em um bastante longo discurso que pronunciei há alguns anos em Berna e que me apressarei a vos enviar. Também não falo dessa infeliz e heróica Polônia, que se debate, sempre sufocada, mas nunca morta, sob as garras de três águias infames: a do Império da Rússia, a do Império da Áustria, e a do novo Império da Alemanha, representado pela Prússia. Na Polônia, assim como na Rússia, não há propriamente classe média; há, de um lado, a nobreza, burocracia hereditária escrava do czar na Rússia, antigamente dominante e hoje desorganizada e decadente na Polônia; e, por outro lado, há o camponês escravizado e devorado, esmagado agora, não mais pela nobreza, que perdeu seu poder, mas pelo Estado, pelos inumeráveis funcionários, pelo czar. Da mesma forma, também, não vos falarei dos pequenos países da Suécia e da Dinamarca, que só se tornaram realmente constitucionais a partir de 1848, e que permaneceram mais ou menos atrasados em relação ao desenvolvimento geral da Europa; nem da Espanha e de Portugal, onde o movimento industrial e a política burguesa foram por tanto tempo paralisados pelo duplo poder do clero e do exército. Todavia, devo observar que a Espanha, que nos parecia tão atrasada, apresenta-nos, hoje, uma das mais magníficas organizações da Associação Internacional dos Trabalhadores que existem no mundo.

E me deterei um instante na Alemanha. A Alemanha, desde 1830, apresentou-nos e continua a nos apresentar o estranho quadro de um país onde os interesses da burguesia predominam, mas onde a força política não pertence à burguesia, mas à monarquia absoluta, sob uma máscara de constitucionalismo, militar e burocraticamente organizada e servida exclusivamente por nobres.

É na França, na Inglaterra, na Bélgica, principalmente, que é preciso estudar o reinado da burguesia. Desde a unificação da Itália, sob o cetro de Vítor Emanuel, pode-se também estudá-lo na Itália. Mas em nenhum outro lugar ele se caracterizou tão plenamente quanto na França; assim, também, é nesse país que o consideramos principalmente.

Desde 1830 o princípio burguês teve plena liberdade

de se manifestar na literatura, na política, e na economia social. Pode-se resumi-lo em uma única palavra: *individualismo*.

Entendo por *individualismo* essa tendência que — considerando toda a sociedade, a massa dos indivíduos, como indiferentes, rivais, concorrentes, como inimigos naturais, em resumo, com os quais cada um é forçado a viver, mas que obstruem o caminho a cada um — leva o indivíduo a conquistar e a estabelecer seu próprio bem-estar, sua prosperidade, sua felicidade apesar de todos, em detrimento e no dorso de todos os outros. É uma corrida ao campanário, um salve-se-quem-puder geral, em que cada um tenta chegar primeiro. Ai dos fracos que param, eles são ultrapassados. Ai daqueles que, fatigados, caem no percurso, eles são imediatamente esmagados. A concorrência não tem coração, não tem piedade. Ai dos vencidos! Nessa luta, necessariamente, muitos crimes serão cometidos; toda essa luta fratricida, por sinal, outra coisa não é senão um crime contínuo contra a solidariedade humana, que é a única base de toda moral. O Estado, que, segundo se diz, é o representante e o vingador da justiça, não impede a perpetração desses crimes, ele os perpetua e os legaliza, ao contrário. O que ele representa, o que ele defende, não é a justiça humana, é a justiça jurídica, que é apenas a consagração do triunfo dos fortes sobre os fracos, dos ricos sobre os pobres. O Estado só exige uma coisa: que todos esses crimes sejam cometidos legalmente. Posso arruinar-vos, esmagar-vos, matar-vos, mas devo fazê-lo observando as leis. De outra forma, sou declarado criminoso e tratado como tal. Tal é o sentido desse princípio, dessa palavra, o individualismo.

Agora, vejamos como esse princípio manifestou-se na literatura, nessa literatura criada pelos Victor Hugos, pelos Dumas, pelos Balzacs, pelos Jules Janins e tantos outros autores de livros e de artigos de jornais, que desde 1830 inundaram a Europa, trazendo a depravação e despertando o egoísmo nos corações dos jovens dos dois sexos, e, infelizmente, até mesmo do povo. Tomai qualquer romance que desejeis: ao lado dos grandes e falsos sentimentos, das belas frases, o que encontrareis? Sempre a mesma coisa. Um jovem é pobre, obscuro, desconhecido; ele é devorado por todos os tipos de ambições e apetites. Gostaria de habitar um palácio, comer trufas, beber champagne, possuir uma carruagem e dormir com alguma bela marquesa. Ele obtém êxito por força de esforços heróicos e de aventuras extraordinárias, enquanto todos os outros sucumbem. Eis o herói: é puro individualismo.

Vejamos a política. Como se expressa seu princípio? As massas, diz-se, precisam ser conduzidas, governadas; elas são incapazes de se autogovernarem. Quem as governará? Não há mais privilégio de classe. Todos têm o direito de subir às mais altas posições e funções sociais. Mas para consegui-lo é preciso ser inteligente, hábil; é preciso ser forte e feliz; é preciso saber e poder sobrepujar todos os rivais. Eis mais uma corrida ao campanário: serão os indivíduos hábeis e fortes que governarão, que tosquiarão as massas.

Consideremos agora esse mesmo princípio na questão econômica, que é, no fundo, a principal, poder-

-se-ia mesmo dizer, a única questão. Os economistas burgueses nos dizem que eles são partidários de uma liberdade ilimitada dos indivíduos e que a concorrência é a condição dessa liberdade. Mas vejamos qual é essa liberdade. E, antes de mais nada, uma primeira questão: foi o trabalho separado, isolado, que produziu e que continua a produzir todas essas riquezas maravilhosas das quais nosso século se glorifica? Sabemos muito bem que não. O trabalho isolado dos indivíduos mal seria capaz de alimentar e vestir um pequeno povo de selvagens; uma grande nação só se torna rica e só pode subsistir pelo trabalho coletivo, solidariamente organizado. O trabalho para a produção das riquezas sendo coletivo, pareceria lógico que a fruição dessas riquezas também o fosse, não é mesmo? Pois bem, eis o que não quer, o que rejeita com ódio a economia burguesa. Ela quer a fruição isolada dos indivíduos. Mas de que indivíduos? De todos? Oh, não, absolutamente. Ela quer a fruição dos fortes, dos inteligentes, dos hábeis, dos felizes. Ah! sim, dos felizes sobretudo. Isso porque em sua organização social, e de acordo com essa lei de herança que é seu fundamento principal, nasce uma minoria de indivíduos mais ou menos ricos, felizes e milhões de seres humanos deserdados, infelizes. Em seguida, a sociedade burguesa diz a todos esses indivíduos: lutai, disputai o prêmio, o bem-estar, a riqueza, o poder político. Os vencedores serão felizes. Há pelo menos igualdade nessa luta fratricida? Não, em absoluto. Uns, em pequeno número, estão armados dos pés à cabeça, fortes por sua instrução e sua riqueza herdadas, e os milhões de homens do povo apresentam-se na arena quase nus, com sua ignorância e sua miséria igualmente herdadas. Qual é o resultado necessário dessa concorrência pretensamente livre? O povo sucumbe, a burguesia triunfa, e o proletário acorrentado é obrigado a trabalhar como um forçado para seu eterno vencedor, o burguês.

O burguês está munido principalmente de uma arma contra a qual o proletariado permanecerá sempre sem possibilidade de defesa, enquanto essa arma, o capital — que se tornou doravante, em todos os países civilizados, o principal agente da produção industrial —, enquanto esse nutridor do trabalho estiver voltado contra ele.

O capital, tal como é constituído e apropriado hoje, não esmaga somente o proletariado; ele abate, expropria e reduz à miséria uma imensa quantidade de burgueses. A causa desse fenômeno, que a média e a pequena burguesias não compreendem muito bem, que elas ignoram, é, todavia, muito simples. Graças à concorrência, graças a essa luta de morte que, em conseqüência da liberdade conquistada pelo povo em proveito dos burgueses, reina hoje no comércio e na indústria, todos os fabricantes são forçados a vender seus produtos, melhor dizendo, os produtos dos trabalhadores que eles empregam, que eles exploram, pelo valor mais baixo possível. Vós sabeis por experiência que os produtos caros se vêem hoje cada vez mais excluídos do mercado pelos produtos baratos, ainda que estes últimos sejam muito menos perfeitos do que os primeiros. Eis, portanto, uma primeira conseqüência funesta dessa concorrência, dessa luta intestina na produção burguesa.

Ela tende necessariamente a substituir os bons produtos por produtos medíocres, os trabalhadores hábeis por trabalhadores medíocres.

Nessa concorrência, nesta luta pelo preço mais baixo, os grandes capitais devem necessariamente esmagar os pequenos capitais, os grandes burgueses devem arruinar os pequenos burgueses. Uma imensa fábrica pode naturalmente confeccionar seus produtos e vendê-los mais baratos do que uma fábrica pequena ou média. A instituição de uma grande fábrica exige naturalmente um grande capital, mas, proporcionalmente ao que ela pode produzir, custa mais barato do que uma fábrica pequena ou média: 100.000 francos são mais do que 10.000 francos, mas 100.000 francos empregados em uma fábrica renderão 20%, 30%; enquanto que os 10.000 francos, empregados da mesma maneira, só renderão 10%. O grande fabricante economiza no prédio, nas matérias-primas, nas máquinas; empregando muito mais trabalhadores do que o pequeno ou médio fabricante, ele também economiza, ou ganha, por melhor organização e maior divisão do trabalho. Resumindo, com 100.000 francos concentrados em suas mãos e empregados no estabelecimento e na organização de uma fabricação única, ele produz muito mais do que dez fabricantes empregando cada um 10.000 francos; assim, se cada um desses últimos realiza, sobre os 10.000 francos empregados, um lucro líquido de 2.000 francos, por exemplo, o fabricante que estabelece e organiza uma grande fábrica, que lhe custa 100.000 francos, ganha sobre cada 10.000 francos, 5.000 ou 6.000 francos, ou seja, ele produz 5 ou 6 vezes mais mercadorias. Produzindo proporcionalmente muito mais, pode obviamente vender seus produtos a preço muito menor do que os pequenos ou médios fabricantes; mas, vendendo-os mais baratos, força igualmente os pequenos ou médios fabricantes a baixarem seu preço, sem o que seus produtos não seriam comprados. Mas como a produção desses produtos custa-lhes muito mais caro do que ao grande fabricante, vendendo-os ao preço do grande fabricante eles se arruínam. É assim que os grandes capitais matam os pequenos capitais, e, se os grandes encontram maiores do que eles próprios, são, por sua vez, esmagados.

É tão verdadeiro que há, hoje, nos grandes capitais, uma tendência ostensiva a se associarem para constituírem capitais monstruosamente formidáveis. A exploração do comércio e da indústria por sociedades anônimas começa a substituir, nos países mais industrializados, Inglaterra, Bélgica e França, a exploração dos grandes capitalistas isolados. E, à medida que a civilização e a riqueza nacional dos países mais avançados crescem, a riqueza dos grandes capitalistas aumenta, embora o número dos capitalistas diminua. Uma certa massa de burgueses médios vê-se empurrada para a pequena burguesia, e uma multidão ainda maior de pequenos burgueses se vê inexoravelmente conduzida para o proletariado, para a miséria.

É um fato incontestável, constatado tanto pela estatística de todos os países quanto pela demonstração mais exatamente matemática. Na organização econômica da sociedade atual esse empobrecimento sucessivo da grande massa da burguesia, em proveito de um número restrito de monstruosos capitalistas, é uma lei inexorável, contra a qual outro remédio não há senão a revolução social. Se a pequena burguesia tivesse bastante inteligência e bom senso para compreendê-lo, há muito tempo ela se teria aliado ao proletariado para realizar essa revolução. Mas a pequena burguesia é geralmente muito parva; sua própria vaidade e seu egoísmo fecham-lhe o espírito. Ela nada vê, nada compreende, e, esmagada, de um lado, pela grande burguesia, ameaçada, por outro, por esse proletariado que despreza, tanto quanto o detesta e teme, deixa-se estupidamente arrastar para o abismo.

As conseqüências dessa concorrência burguesa são desastrosas para o proletariado. Forçados a vender seus produtos — ou ainda os produtos dos operários que exploram — ao menor preço possível, os fabricantes devem necessariamente pagar a seus operários o salário mais baixo possível. Conseqüentemente, não podem mais pagar o talento, o gênio de seus operários. Devem procurar o trabalho que se vende, que é forçado a se vender, ao valor mais baixo. As mulheres e as crianças, por se contentarem com um salário ínfimo, são preferencialmente empregados em lugar de homens, e os trabalhadores medíocres, ao invés dos trabalhadores hábeis, a menos que estes últimos contentem-se com o salário dos trabalhadores inábeis, das crianças e das mulheres. Foi provado e reconhecido por todos os economistas burgueses que a medida do salário do operário é sempre determinada pelo valor de sua manutenção diária: assim, se um operário pudesse alojar-se, vestir-se, alimentar-se por um franco ao dia, seu salário cairia rapidamente a um franco. E isso por uma razão bem simples: é que os operários, acossados pela fome, são forçados a fazer concorrência entre si, e o fabricante, impaciente em enriquecer o mais rápido possível pela exploração do trabalho alheio, e forçado, por outro lado, pela concorrência burguesa, a vender seus produtos ao menor preço possível, empregará obviamente os operários que, pelo menor salário, lhe oferecerão o máximo de horas de trabalho.

Não é somente dedução lógica, é um fato que se passa diariamente na Inglaterra, na França, na Bélgica, na Alemanha e nas partes da Suíça onde se estabeleceu a grande indústria, a indústria explorada em grandes fábricas pelos grandes capitais. Em minha última conferência, eu vos disse que éreis operários privilegiados. Ainda que estejais bem longe de receber integralmente como salário todo o valor de vossa produção diária, ainda que sejais incontestavelmente explorados por vossos patrões, entretanto, comparativamente aos operários dos grandes estabelecimentos industriais, sois razoavelmente bem pagos, tendes lazer, sois livres, sois felizes. E apresso-me a reconhecer que tendes um imenso mérito por haverdes entrado na Internacional e vos tornado membros devotados e zelosos dessa imensa associação do trabalho que deve emancipar os trabalhadores do mundo inteiro. É nobre, é generoso de vossa parte. Provais assim que não pensais somente em vós mesmos, mas nesses milhões de irmãos que são muito mais oprimidos e muito mais infelizes do que vós. É com alegria que vos dou este testemunho.

Mas, ao mesmo tempo que fazeis ato de generosa e fraterna solidariedade, permiti que eu vos diga que também fazeis ato de previdência e prudência; não o fazeis somente por vossos irmãos infelizes de outras indústrias e de outros países, também o fazeis, senão completamente por vós mesmos, ao menos por vossos próprios filhos. Sois, não absolutamente, mas relativamente bem remunerados, livres, felizes. Por que o sois? Pela simples razão de que o grande capital ainda não invadiu vossa indústria. Mas não acreditais, sem dúvida, que será sempre assim. O grande capital, por lei que lhe é inerente, é fatalmente levado a invadir tudo. Começou naturalmente explorando os setores do comércio e da indústria que lhe prometeram as maiores vantagens, aqueles cuja exploração era a mais fácil, e acabará, necessariamente, depois de tê-los explorado o suficiente, e pela concorrência que faz a si mesmo nessa exploração, voltando-se em breve para os setores que até aquele momento não havia tocado. Já não se fazem paletós, botas, rendas à máquina? Acreditai, cedo ou tarde, e mais cedo do que tarde, far-se-ão também relógios à máquina. As molas, os escapos, as caixas, a placa metálica, o polimento, o guilhochê, a gravação, se farão à máquina. Os produtos não serão tão perfeitos quanto aqueles que saem de vossas hábeis mãos, mas custarão muito menos, e serão vendidos em muito maior quantidade do que vossos produtos mais perfeitos, que eles acabarão por excluir do mercado. Assim, vós, ou pelo menos vossos filhos se encontrarão tão escravos, tão miseráveis quanto os operários dos grandes estabelecimentos industriais hoje o são. Vede, portanto, que, trabalhando por vossos irmãos, os infelizes operários das outras indústrias e dos outros países, trabalhais também para vós mesmos, ou pelo menos para vossos próprios filhos.

Trabalhais para a humanidade. A classe operária tornou-se hoje o único representante da grande, da santa causa da humanidade. O futuro pertence hoje aos trabalhadores: aos trabalhadores dos campos, aos trabalhadores das fábricas e das cidades. Todas as classes que estão acima, os eternos exploradores do trabalho das massas populares: a nobreza, o clero, a burguesia, e toda essa miríade de funcionários militares e civis que representam a iniqüidade e o poder maléfico do Estado, são classes corruptas, atingidas pela impotência, doravante incapazes de compreender e querer o bem, poderosas somente para o mal.

O clero e a nobreza foram desmascarados e derrotados em 1793. A revolução de 1848 desmascarou e demonstrou a impotência e a nocividade da burguesia. Durante as jornadas de junho, em 1848, a classe burguesa renunciou abertamente à religião de seus pais: a essa religião revolucionária que teve a liberdade, a igualdade e a fraternidade como princípios e bases. Tão logo o povo levou a sério a igualdade e a liberdade, a burguesia, que só existe pela exploração, quer dizer, pela desigualdade econômica e pela escravidão social do povo, relançou-se na reação.

Esses mesmos traidores que hoje querem mais uma vez afundar a França, esses Thiers, esses Jules Favres, e a imensa maioria da Assembléia Nacional em 1848, trabalharam para o triunfo da mais imunda reação, como trabalham ainda hoje com a mesma finalidade. Eles começaram por destruir o sufrágio universal e, mais tarde, elevaram à presidência Luís Bonaparte. O temor pela revolução social, o horror pela igualdade, o sentimento de seus crimes e o temor pela justiça popular, jogaram toda essa classe decaída, outrora tão inteligente e heróica, hoje tão estúpida e covarde, nos braços da ditadura de Napoleão III. E tiveram uma ditadura militar durante 18 anos seguidos. Não se deve acreditar que os senhores burgueses se deram muito mal. Aqueles dentre eles que quiseram fazer-se desobedientes e brincar de liberalismo de uma maneira muito ruidosa, muito incômoda para o regime imperial, foram naturalmente isolados, reprimidos. Mas todos os outros, aqueles que, deixando as ninharias políticas ao povo, aplicaram-se exclusiva, seriamente, ao grande negócio da burguesia, à exploração do povo, foram eficazmente protegidos e encorajados. Deram-lhes até mesmo, para salvar sua honra, todas as aparências da liberdade. Não existia, sob o Império, uma assembléia legislativa eleita regularmente pelo sufrágio universal? Tudo foi bem, segundo os votos da burguesia. Só houve um único ponto negro. Era a ambição de conquista do soberano, que arrastava a França inevitavelmente a gastos ruinosos e acabou por aniquilar seu antigo poderio. Mas esse ponto negro não foi um acidente, foi uma necessidade do sistema. Um regime despótico, absoluto, mesmo quando tem as aparências da liberdade, deve necessariamente apoiar-se sobre um poderoso exército, e todo grande exército permanente torna cedo ou tarde a guerra externa necessária, porque a hierarquia militar tem por principal inspiração a ambição: todo tenente quer ser coronel, e todo coronel quer ser general; quanto aos soldados, sistematicamente desmoralizados nas casernas, sonham com os nobres prazeres da guerra: o massacre, a pilhagem, o roubo, o estupro — prova: as façanhas do exército prussiano na França. Pois bem, se todas essas nobres paixões, sabiamente, sistematicamente nutridas no coração dos oficiais e dos soldados, permanecem muito tempo sem nenhuma satisfação, elas se alteram e levam o exército ao descontentamento, e do descontentamento à revolta. Portanto, torna-se necessário fazer a guerra. Todas as expedições e guerras empreendidas por Napoleão III não foram absolutamente caprichos pessoais, como declaram hoje os senhores burgueses: foi uma necessidade do sistema imperial despótico, que eles próprios fundaram por temer a revolução social. São as classes privilegiadas, é o alto e o baixo clero, é a nobreza decaída, é, enfim e principalmente, esta respeitável, honesta e virtuosa burguesia tanto quanto todas as outras classes, e mais do que o próprio Napoleão, a causa de todas as desgraças da França.

E vós todos vistes, companheiros, para defender esta infeliz França, só havia, em todo o país, uma única massa, a massa dos operários das cidades, precisamente a que havia sido traída e entregue pela burguesia ao Império, e por este sacrificada à exploração burguesa. Em todo o país, somente os generosos trabalhadores das fábricas e das cidades quiseram a insurreição popular para a salvação da França. Os trabalhadores dos campos, os camponeses desmoralizados, embrutecidos pela educação religiosa que lhes haviam dado a partir do primeiro Napoleão até agora, tomaram partido a favor dos prussianos e da reação contra a França. Teria sido possível revolucioná-los. Em uma brochura que muitos dentre vós lestes, intitulada *Lettres à un Français*, expus os meios que se deveria usar para arrastá-los à Revolução. Mas, para fazê-lo, era preciso, antes de mais nada, que as cidades se insurgissem e se organizassem revolucionariamente. Os operários quiseram fazê-lo; até mesmo o tentaram em muitas cidades da França meridional: Lyon, Marselha, Montpellier, Saint-Étienne, Toulouse. Mas em todos os lugares foram reprimidos e paralisados pelos burgueses *radicais*, em nome da República. Sim, foi em nome da República que os burgueses, tornados republicanos por temer o povo, foi em nome da República que os Gambetta, esse velho pecador Jules Favre, e Thiers, essa infame raposa, e todos esses Picard, Ferry, Jules Simon, Pelletan e tantos outros, foi em nome da República que eles assassinaram a República e a França.

A burguesia é julgada. Ela, que é a classe mais rica e mais numerosa da França — excetuando a massa popular, sem dúvida —, se tivesse querido, teria podido salvar a França. Mas para isso teria que sacrificar seu dinheiro, sua vida, e apoiar-se francamente sobre o proletariado, como fizeram seus ancestrais, os burgueses de 1793. Pois bem, ela não quis sacrificar seu dinheiro, ainda menos que sua vida, e preferiu a conquista da França pelos prussianos à sua salvação pela revolução popular.

A questão entre os operários das cidades e os burgueses foi bem claramente colocada. Os operários disseram: nós explodiremos as casas, mas não entregaremos nossas cidades aos prussianos. Os burgueses responderam:

abriremos as portas de nossas cidades aos prussianos, mas não vos permitiremos fazer desordem pública, e queremos conservar nossas caras casas a qualquer preço, mesmo que tenhamos de beijar o rabo dos prussianos.

E observai que são hoje esses mesmos burgueses que ousam insultar a Comuna de Paris, essa nobre Comuna que salva a honra da França e, esperemo-lo, a liberdade do mundo, ao mesmo tempo; são esses mesmos burgueses que hoje a insultam em nome de quê? — *em nome do patriotismo*.

Realmente, esses burgueses são impudentes. Chegaram a um grau de infâmia que os fez perder até o último sentimento de pudor. Ignoram a vergonha. Antes de morrer, já estão completamente podres.

E não é somente na França, companheiros, que a burguesia está podre, moral e intelectualmente aniquilada; ela o é também em toda a Europa, e em todos os países da Europa somente o proletariado conservou o fogo sagrado. Somente ele porta, hoje, a bandeira da humanidade.

Qual é seu lema, sua moral, seu princípio? A *solidariedade*. Todos por um, e um por todos e para todos. É o lema e o princípio fundamental de nossa grande Associação internacional, que, ultrapassando as fronteiras dos Estados, e por essa mesma razão, destruindo os Estados, tende a unir os trabalhadores do mundo inteiro em uma única família humana, sobre a base do trabalho igualmente obrigatório para todos, e em nome da liberdade de cada um e de todos. Essa solidariedade, na economia social, chama-se trabalho e propriedade coletivos; em política, ela se chama destruição dos Estados e liberdade de cada um pela liberdade de todos.

Sim, caros companheiros, vós operários, solidariamente com vossos irmãos trabalhadores de todo o mundo, herdais sozinhos, hoje, a grande missão da emancipação da humanidade. Tendes um co-herdeiro, trabalhador como vós, ainda que em outras condições diferentes das vossas. É o camponês. Mas o camponês ainda não tem a consciência da grande missão popular. Ele foi envenenado, ainda o é, pelos padres e serve, contra ele mesmo, de instrumento à reação. Deveis instruí-lo, deveis salvá-lo, apesar dele, envolvendo-o, explicando-lhe o que é a Revolução social.

Nesse momento, principalmente no começo, os operários da indústria não devem, não podem contar senão com eles próprios. Mas eles serão onipotentes se o desejarem. Basta que o desejem seriamente. E, para realizar essa vontade, só têm dois meios. É, antes de mais nada, estabelecendo em seus grupos, em seguida, entre todos os grupos, uma verdadeira solidariedade fraterna, não somente de palavras, mas de ação, não somente para os dias de festa, de discurso e de libação, mas em sua vida cotidiana. Cada membro da Internacional deve poder sentir, deve estar praticamente convicto de que todos os outros membros são seus irmãos.

O outro meio é a organização revolucionária, a organização para a ação. Se as insurreições populares de Lyon, de Marselha e das outras cidades da França fracassaram, foi porque não havia nenhuma organização. Posso falar com pleno conhecimento de causa, visto que estive por lá e sofri com isso. E se a Comuna de Paris hoje se mantém tão valentemente é porque durante todo o cerco os operários se organizaram com seriedade. Não é sem razão que os jornais burgueses acusam a Internacional de ter produzido essa insurreição magnífica de Paris. Sim, digamo-lo com orgulho, são os nossos irmãos internacionais que, por seu trabalho perseverante, organizaram o povo de Paris e tornaram possível a Comuna de Paris.

Sejamos portanto bons irmãos, companheiros, e organizemo-nos. Não acrediteis que estejamos no fim da Revolução, estamos em seu começo. A Revolução está, doravante, na ordem do dia, por muitas décadas. Ela virá nos encontrar, cedo ou tarde; preparemo-nos, portanto; purifiquemo-nos, tornemo-nos mais reais, menos discursivos, menos ruidosos, menos fraseadores, menos beberrões, menos falastrões. Cerremos fileiras e preparemo-nos dignamente para essa luta que deve salvar todos os povos e emancipar enfim a humanidade.

Viva a Revolução social! Viva a Comuna de Paris!

A COMUNA DE PARIS E A NOÇÃO DE ESTADO
Locarno, 5—23 de junho de 1871

Esta obra, assim como todos os escritos por sinal pouco numerosos que publiquei até aqui, nasceu dos acontecimentos. Ela é a continuação natural de minhas *Lettres à un Français* [*Cartas a um francês*], de setembro de 1870, nas quais tive a fácil e triste honra de prever e predizer as horríveis desgraças que hoje golpeiam a França e, com ela, todo o mundo civilizado; desgraças contra as quais só havia e só há, ainda hoje, um único remédio: a revolução social.

Provar essa verdade, doravante incontestável, pelo desenvolvimento histórico da sociedade e pelos próprios fatos que se passam sob nossos olhos na Europa, de maneira a fazê-la ser aceita por todos os homens de boa-fé, por todos que buscam sinceramente a verdade, e, em seguida, expor francamente, sem reticências e sem equívocos, os princípios filosóficos tanto quanto os fins práticos que constituem, por assim dizer, a alma agente, a base e o objetivo do que denominamos revolução social: tal é o objeto do presente trabalho.

A tarefa que eu me impus não é fácil, sei muito bem, e poder-se-ia acusar-me de presunção, se eu tivesse nesse trabalho a mínima pretensão pessoal. Todavia, não é nada disso, posso assegurar ao leitor quanto a isso.

A COMUNA DE PARIS E A NOÇÃO DE ESTADO

Não sou nem um sábio, nem um filósofo, nem mesmo um escritor de ofício. Escrevi muito pouco em minha vida, e sempre o fiz, por assim dizer, em minha defesa, e só quando uma convicção ardente forçava-me a vencer minha repugnância instintiva contra toda exibição de meu próprio eu em público.

O que sou, então, e o que me conduz agora a publicar este trabalho? Sou um pesquisador apaixonado pela verdade e um inimigo não menos encarniçado das ficções malfazejas das quais o partido da ordem — esse representante oficial, privilegiado e interessado por todas as torpezas religiosas, metafísicas, políticas, jurídicas, econômicas e sociais, presentes e passadas — tenciona servir-se ainda hoje para embrutecer e subjugar o mundo. Sou um amante fanático da liberdade, considerando-a o único meio onde possam desenvolver-se e crescer a inteligência, a dignidade e a felicidade dos homens; não dessa liberdade completamente formal, outorgada, medida e regulamentada pelo Estado, mentira eterna e que, na realidade, só representa, sempre, o privilégio de alguns fundado na escravidão de todos; não dessa liberdade individualista, egoísta, mesquinha e fictícia, pregada pela Escola de J.-J. Rousseau, bem como por todas as outras Escolas do liberalismo burguês, e que considera o pretenso direito de todos, representado pelo Estado como o limite do direito de cada um, o que resulta necessariamente e sempre na redução do direito de cada um a zero. Não, entendo a única liberdade que seja verdadeiramente digna desse nome, a liberdade que consiste no pleno desenvolvimento de todas as potências materiais, intelectuais e morais que se encontram em estado de faculdades latentes em cada um; a liberdade que não reconhece outras restrições senão aquelas que nos são traçadas pelas leis de nossa própria natureza; de sorte que, para ser exato, não existem restrições, visto que essas leis não nos são impostas por qualquer legislador de fora, residindo ao lado ou acima de nós. Elas nos são imanentes, inerentes e constituem a própria base de todo o nosso ser, tanto material como intelectual e moral. Em vez de encontrar para elas um limite, devemos considerá-las as condições reais e a razão efetiva de nossa liberdade.

Entendo essa liberdade de cada um que, longe de deter-se como que diante de um limite ante a liberdade alheia, encontra ali, ao contrário, sua confirmação e sua extensão ao infinito; a liberdade ilimitada de cada um pela liberdade de todos, a liberdade pela solidariedade, pela liberdade na igualdade; a liberdade triunfante sobre a força brutal e o princípio de autoridade, que foi sempre só a expressão ideal dessa força; a liberdade que, depois de ter derrubado todos os ídolos celestes e terrestres, fundará e organizará um novo mundo, aquele da humanidade solidária, sobre as ruínas de todas as Igrejas e de todos os Estados.

Sou um partidário convicto da igualdade econômica e social, porque sei que fora dessa igualdade, a liberdade, a justiça, a dignidade humana, a moralidade e o bem-estar dos indivíduos, tanto quanto a prosperidade das nações, serão sempre mentiras. Todavia, embora partidário da liberdade, essa condição primeira da humanidade, penso que a igualdade deve estabelecer-se no mundo pela organização espontânea do trabalho e da propriedade coletiva, das associações produtoras livremente organizadas e federalizadas nas comunas, e pela federação igualmente espontânea das comunas, mas não pela ação suprema e tutelar do Estado.

Esse é o ponto que divide principalmente os socialistas ou coletivistas revolucionários dos comunistas autoritários, partidários da iniciativa absoluta do Estado. Seu objetivo é o mesmo: ambos os partidos querem igualmente a criação de uma nova ordem social, fundada unicamente na organização do trabalho coletivo, inevitavelmente imposto a cada um e a todos pela própria força das coisas, sob condições econômicas iguais para todos, e na apropriação coletiva dos instrumentos de trabalho.

Só que os comunistas pensam que eles poderão conseguir isso pelo desenvolvimento e pela organização da potência política das classes operárias, e especialmente do proletariado das cidades, com a ajuda do radicalismo burguês, enquanto os socialistas revolucionários, inimigos de toda combinação e toda aliança equívocas, pensam, ao contrário, que eles só poderão alcançar esse objetivo pelo desenvolvimento e pela organização da potência não política, mas social, e, por conseqüência, antipolítica das massas operárias tanto das cidades como do campo, inclusive todos os homens de boa vontade das classes superiores que, rompendo com todo o seu passado, desejarão francamente associar-se a eles e aceitar integralmente seu programa.

Daí dois métodos diferentes. Os comunistas crêem dever organizar as forças operárias para apoderar-se da potência política dos Estados. Os socialistas revolucionários organizam-se com vistas à destruição ou, se se quiser uma palavra mais polida, com vistas à liquidação dos Estados. Os comunistas são os partidários do princípio e da prática da autoridade, os socialistas revolucionários só têm confiança na liberdade. Uns e outros igualmente partidários da ciência que deve matar a superstição e substituir a fé, os primeiros desejarão impô-la, os outros esforçar-se-ão para propagá-la a fim de que os grupos humanos, convencidos, organizem-se e federalizem-se espontaneamente, livremente, de baixo para cima, por seu próprio movimento e conforme a seus reais interesses, mas nunca segundo um plano traçado de antemão e imposto "às massas ignorantes" por algumas inteligências superiores.

Os socialistas revolucionários pensam que há muito mais razão prática e espírito nas aspirações instintivas e nas necessidades reais das massas populares do que na inteligência profunda de todos esses doutores e tutores da humanidade que, com tantas tentativas frustradas para torná-la feliz, tencionam ainda acrescentar seus esforços. Os socialistas revolucionários, ao contrário, pensam que a humanidade deixou-se bastante tempo, muito tempo, governar e que a fonte dessas infelicidades não reside em tal ou qual forma de governo, mas no princípio e no próprio fato, qualquer que seja, do governo.

É, enfim, a contradição tornada já histórica e que existe entre o comunismo cientificamente desenvolvido pela escola alemã e aceito em parte pelos socialistas americanos e ingleses, de um lado, e o proudhonismo amplamente desenvolvido e levado às suas últimas conseqüências, do outro, aceito pelo proletariado dos países latinos. O socialismo revolucionário acaba de tentar uma primeira manifestação espetacular e prática na Comuna de Paris.

Sou um partidário da Comuna de Paris, que, por ter sido massacrada, sufocada no sangue pelos carrascos da reação monárquica e clerical, tornou-se ainda mais viva, mais poderosa na imaginação e no coração do proletariado da Europa; sou seu partidário sobretudo porque ela foi uma negação audaciosa, bem pronunciada, do Estado.

É um fato histórico imenso que essa negação do Estado tenha-se manifestado precisamente na França, que foi até aqui por excelência o país da centralização política, e que seja precisamente Paris, a cabeça e o criador histórico dessa grande civilização francesa, que tenha assumido essa iniciativa. Paris descoroando-se e proclamando com entusiasmo seu próprio declínio para dar a liberdade e a vida à França, à Europa, ao mundo inteiro; Paris afirmando de novo sua potência histórica de iniciativa ao mostrar a todos os povos escravos — e quais são as massas populares que não são escravas? — a única via de emancipação e de salvação. Paris desferindo um golpe mortal nas tradições políticas do radicalismo burguês e dando uma base real ao socialismo revolucionário! Paris, merecendo de novo as maldições de toda a gente reacionária da França e da Europa! Paris enterrando-se sob suas ruínas para dar um solene desmentido à reação triunfante; salvando por seu desastre a honra e o futuro da França e da Europa e provando à humanidade consolada que, se a vida, a inteligência, a força moral retiraram-se das classes superiores, elas conservaram-se enérgicas e plenas de futuro no proletariado! Paris inaugurando a nova era, aquela da emancipação definitiva e completa das massas populares e de sua solidariedade doravante bem real, através e apesar das fronteiras dos Estados; Paris matando o patriotismo e fundando sobre suas ruínas a religião da humanidade; Paris proclamando-se humanitária e atéia e substituindo as ficções divinas pelas grandes realidades da vida social, pela fé na ciência; as mentiras e as iniqüidades da moral religiosa, política e jurídica pelos princípios da liberdade, da justiça, da igualdade e da fraternidade, esses fundamentos eternos de toda moral humana! Paris heróica, racional e crente, confirmando sua fé enérgica nos destinos da humanidade por sua queda gloriosa, por sua morte, e legando-a ainda mais enérgica e viva às gerações presentes e futuras! Paris afogada no sangue de seus filhos mais generosos, é a humanidade crucificada pela reação internacional e coligada da Europa, sob a inspiração imediata de todas as Igrejas cristãs e do grande sacerdote da iniqüidade, o Papa. Mas a próxima revolução internacional e solidária dos povos será a ressurreição de Paris!

Tal é o verdadeiro sentido e tais são as conseqüências benfazejas e imensas dos dois meses de existência e da queda para sempre memorável da Comuna de Paris.

A Comuna de Paris durou demasiado pouco e foi muito impedida em seu desenvolvimento interior pela luta mortal que teve de sustentar contra a reação de

Versalhes, para que pudesse, não digo nem sequer aplicar, mas apenas elaborar teoricamente seu programa socialista. Por sinal, devemos reconhecê-lo, a maioria dos membros da Comuna não era propriamente socialista, e se ela mostrou-se tal, é que era invencivelmente arrastada pela força irresistível das coisas, pela natureza de seu meio, pelas necessidades de sua posição e não por sua convicção íntima. Os socialistas, à frente dos quais situa-se naturalmente nosso amigo Varlin, formavam na Comuna apenas uma ínfima minoria. Eles eram no máximo 14 ou 15 membros. O resto era composto de jacobinos. Todavia, entendamo-nos, há jacobinos e jacobinos. Há os jacobinos advogados e doutrinários como o Sr. Gambetta, cujo republicanismo positivista, presunçoso, despótico e formalista, tendo repudiado a antiga fé revolucionária e não tendo conservado do jacobinismo senão o culto da unidade e da autoridade, entregou a França popular, de início aos prussianos, e mais tarde à reação autóctone. E há os jacobinos francamente revolucionários, os heróis e últimos representantes sinceros da fé democrática de 1793, capazes de sacrificar de preferência sua unidade e sua autoridade bem armada às necessidades da Revolução, a vergar sua consciência ante a insolência da reação. Esses jacobinos magnânimos, à frente dos quais situa-se naturalmente Delescluze, uma grande alma e um grande caráter, querem o triunfo da revolução antes de tudo. E como não há revolução sem massas populares, e como essas massas têm hoje eminentemente o instinto socialista e não podem mais fazer outra revolução senão uma revolução econômica e social, os jacobinos de boa-fé, deixando-se levar cada vez mais pela lógica do movimento revolucionário, acabarão por se tornar socialistas malgrado eles próprios.

Tal foi precisamente a situação dos jacobinos que fizeram parte da Comuna de Paris. Delescluze e vários outros com ele assinaram programas e proclamações cujo espírito geral e as promessas eram positivamente socialistas. Mas como, malgrado toda a sua boa-fé e toda a sua boa vontade, eles eram socialistas bem mais exteriormente formados do que interiormente convictos, e como eles não tiveram o tempo nem mesmo a capacidade de vencer e suprimir neles próprios uma massa de preconceitos burgueses que estava em contradição com seu socialismo recente, compreende-se que, paralisados por essa luta interior, jamais tivessem podido sair das generalidades, nem tomar uma dessas medidas decisivas que romperiam para sempre sua solidariedade e todas as suas relações com o mundo burguês.

Foi uma grande infelicidade para a Comuna e para eles; ficaram paralisados e paralisaram a Comuna. Mas não podemos censurar-lhes isso como uma falta. Os homens não se transformam de um dia para o outro, e não mudam de natureza nem de hábitos à vontade. Provaram sua sinceridade ao se deixar matar pela Comuna. Quem ousará pedir-lhes mais?

Eles são ainda mais excusáveis porque o próprio povo de Paris, sob a influência do qual eles pensaram e agiram, era socialista muito mais de instinto do que de idéia ou convicção pensada. Todas as suas aspirações são ao mais elevado grau e exclusivamente socialistas; mas suas idéias, ou melhor, suas representações tradicionais ainda estão longe de ter alcançado essa altura. Ainda há muitos preconceitos jacobinos, muitas imaginações ditatoriais e governamentais no proletariado das grandes cidades da França e, inclusive, naquele de Paris. O culto da autoridade, produto fatal da educação religiosa, essa fonte histórica de todas as infelicidades, de todas as depravações e de todas as servidões populares, ainda não foi completamente desenraizado de seu seio. É tão verdadeiro que, mesmo os filhos mais inteligentes do povo, os socialistas mais convictos, ainda não conseguiram livrar-se disso de uma maneira completa. Procurai em sua consciência e ali encontrareis o jacobino, o governamentalista comprimido em algum canto bem obscuro e tornado muito modesto, é verdade, mas não inteiramente morto.

Por sinal, a situação do pequeno número dos socialistas convictos que fizeram parte da Comuna era excessivamente difícil. Ele não se sentia suficientemente apoiado pela grande massa da população parisiense, a organização da Associação Internacional, ela própria muito imperfeita, por sinal, abarcando só alguns milhares de indivíduos. Eles tiveram de manter uma luta cotidiana contra a maioria jacobina; e em meio a que circunstâncias! Foi preciso dar trabalho e pão a algumas centenas de milhares de operários, organizá-los, armá-los e vigiar ao mesmo tempo as maquinações reacionárias em uma cidade imensa como Paris, sitiada, ameaçada pela fome e entregue a todas as pérfidas empresas da reação que pôde ali se estabelecer e que se mantinha em Versalhes com a permissão e pela graça dos prussianos! Foi preciso opor-lhes um governo e um exército revolucionários ao governo e ao exército de Versalhes, o que significa dizer que, para combater a reação monárquica e clerical, eles tiveram de organizar-se como reação jacobina, esquecendo ou sacrificando eles próprios as primeiras condições do socialismo revolucionário.

Não é natural que, em meio a tais circunstâncias, os jacobinos, que eram os mais fortes porquanto constituíam a maioria na Comuna, e que, além disso, possuíam em um grau infinitamente superior o instinto político, a tradição e a prática da organização governamental, tivessem tido imensas vantagens sobre os socialistas? O que é motivo para estupefação é que eles não se aproveitaram disso muito mais do que o fizeram, que não deram à sublevação de Paris um caráter exclusivamente jacobino, e que se deixaram levar, ao contrário, por uma revolução social.

Sei que muitos socialistas, muito conseqüentes em sua teoria, censuram nossos amigos de Paris por não se terem mostrado suficientemente socialistas em sua prática revolucionária, enquanto todos os ladradores da imprensa burguesa os acusam, ao contrário, de terem seguido fielmente demais o programa do socialismo. Deixemos de lado, por enquanto, os ignóbeis denunciadores dessa imprensa. Direi aos teóricos severos da emancipação do proletariado que eles são injustos em relação aos nossos irmãos de Paris, pois, entre as teorias mais justas e sua colocação em prática, há uma distância imensa que não se pode transpor em alguns dias. Quem quer que tenha tido a felicidade de conhecer Varlin, por exemplo, para só citar aquele cuja morte é certa, sabe o quanto nele e em todos os seus amigos as convicções socialistas foram ardentes, ponderadas e profundas. Eram homens cujo zelo ardente, devotamento e boa-fé nunca puderam ser colocados em dúvida por nenhum daqueles que os conheceram. Mas precisamente porque eram homens de boa-fé, eles eram cheios de desconfiança em si mesmos diante da obra imensa à qual haviam consagrado seu pensamento e sua vida: consideravam-se insignificantes! Tinham, por sinal, essa convicção tão justa de que na revolução social, diametralmente oposta nisso como em todo o resto à revolução política, a ação dos indivíduos era quase nula e a ação espontânea das massas devia ser tudo. Tudo o que os indivíduos podem fazer é elaborar, esclarecer e propagar as idéias correspondendo ao instinto popular e, além disso, contribuir por seus esforços incessantes para a organização revolucionária da potência natural das massas, mas nada além disso; e todo o resto não deve e não pode fazer-se senão pelo próprio povo. De outro modo, desembocar-se-ia na ditadura política, quer dizer, na reconstituição do Estado, dos privilégios, das desigualdades, de todas as opressões do Estado, e chegar-se-ia por uma via enviesada, mas lógica, ao restabelecimento da escravidão política, social, econômica das massas populares.

Varlin e todos os seus amigos, assim como todos os socialistas sinceros, e em geral como todos os trabalhadores nascidos e criados no povo, partilhavam ao mais elevado grau essa prevenção perfeitamente legítima contra a iniciativa contínua dos mesmos indivíduos, contra a dominação exercida por individualidades superiores. E como se eles fossem antes de tudo justos, voltavam essa prevenção, essa desconfiança tanto contra eles próprios como contra todas as outras pessoas.

Contrariamente a esse pensamento dos comunistas autoritários, segundo a minha opinião completamente errôneo, de que uma revolução social pode ser decretada e organizada, seja por uma ditadura, seja por uma assembléia constituinte, emanada de uma revolução política, nossos amigos, os socialistas de Paris, pensaram que ela não podia ser feita, nem alcançar seu pleno desenvolvimento, senão pela ação espontânea e contínua das massas, dos grupos e das associações populares.

Nossos amigos de Paris tiveram mil vezes razão. Com efeito, qual é a cabeça, por mais genial que seja, ou se se quiser falar de uma ditadura coletiva, fosse ela, inclusive, formada por várias centenas de indivíduos dotados de faculdades superiores, quais são os cérebros assaz potentes, assaz vastos, para abarcar a infinita multiplicidade e diversidade dos interesses reais, das aspirações, das vontades, das necessidades cuja soma constitui a vontade coletiva de um povo, e para inventar uma organização social capaz de satisfazer todo mundo? Essa organização jamais será outra coisa senão um leito de Procusto[1] sobre o qual a violência mais ou menos marcada do Estado forçará a infeliz sociedade a deitar-se. Foi o que sempre ocorreu até aqui, e é precisamente a esse sistema antigo da organização pela força que a revolução social deve pôr um termo ao devolver

[1] Personagem da mitologia grega que objetava seus visitantes a caberem na cama: cortando os pés dos mais altos com um machado ou esticando os mais baixos com cordas. [N. do E.]

A COMUNA DE PARIS E A NOÇÃO DE ESTADO

sua plena liberdade às massas, aos grupos, às comunas, às associações, aos próprios indivíduos, e, destruindo, de uma vez por todas, a causa histórica de todas as violências, a potência e a própria existência do Estado, que deve arrastar em sua queda todas as iniqüidades do direito jurídico, com todas as mentiras dos cultos divinos, esse direito e esses cultos tendo sido sempre a consagração obrigatória tanto ideal quanto real de todas as violências representadas, garantidas e privilegiadas pelo Estado.

A Igreja e o Estado, essas duas abstrações históricas e eternamente ameaçadoras e devoradoras, representam a exploração sistemática, implacável e legal da coletividade unicamente em proveito de alguns milhares de indivíduos que oprimem e despojam as massas populares. Além desse punhado de oligarcas, existe uma outra classe, muito mais numerosa, de poltrões cretinizados que desempenham o papel vergonhoso e criminoso de carrascos.

É evidente que a liberdade não será restituída ao mundo humano, e os interesses reais da sociedade, de todos os grupos, de todas as organizações locais, bem como de todos os indivíduos que formam a sociedade, só poderão encontrar satisfação real quando não existirem mais Estados. É evidente que todos esses pretensos interesses gerais da sociedade — que o Estado diz representar e que, na realidade, são apenas a negação geral e constante dos interesses positivos das regiões, das comunas, das associações e da maioria dos indivíduos subjugados ao Estado — constituem uma abstração, uma ficção, uma mentira, e que o Estado é como um vasto matadouro e como um imenso cemitério onde, à sombra e sob o pretexto dessa abstração, vêm generosamente, beatamente deixar-se imolar e enterrar todas as aspirações reais, todas as forças vivas de um país. E como nenhuma abstração existe por si mesma, nem para si mesma, como não tem pernas para andar, nem braços para criar, nem estômago para digerir essa massa de vítimas que se lhe dá para devorar, fica claro que, tanto quanto a abstração religiosa ou celeste, Deus representa, na realidade, os interesses muito positivos, muito reais de uma casta privilegiada, o clero, seu complemento terrestre; a abstração política, o Estado, representa os interesses não menos positivos e reais da classe hoje, principalmente, se não exclusivamente, exploradora, e que, por sinal, tende a englobar todas as outras, a burguesia. E como o clero sempre se dividiu e hoje tende a dividir-se ainda mais em uma minoria muito poderosa e muito rica, e em uma maioria muito subordinada e razoavelmente miserável, da mesma forma a burguesia e suas diversas organizações sociais e políticas, na indústria, na agricultura, no banco e no comércio, tanto quanto em todos os funcionamentos administrativos, financeiros, judiciários, universitários, policiais e militares do Estado, tende a soldar-se cada dia mais em uma oligarquia realmente dominante e uma massa inumerável de criaturas mais ou menos vaidosas e mais ou menos decaídas, e que vivem em perpétua ilusão, rejeitadas inevitavelmente e cada vez mais no proletariado por uma força irresistível, aquela do desenvolvimento econômico atual e reduzidas a servir de instrumentos cegos a essa oligarquia todo-poderosa.

A abolição da Igreja e do Estado deve ser a condição primeira e indispensável da liberação real da sociedade; só assim ela pode e deve organizar-se de outra maneira, mas não de cima para baixo e segundo um plano ideal, imaginado por alguns sábios ou eruditos, ou, então, por decretos lançados por alguma força ditatorial ou, inclusive, por uma assembléia nacional, eleita pelo sufrágio universal. Tal sistema, como já disse, conduziria inevitavelmente à criação de um novo Estado e, conseqüentemente, à formação de uma aristocracia governamental, isto é, de uma classe inteira de pessoas nada tendo em comum com a massa do povo, e, com certeza, essa classe recomeçaria a explorá-la e subjugá-la sob pretexto de bem-estar geral ou para salvar o Estado.

A futura organização social deve ser feita apenas de baixo para cima, pela livre associação e federação dos trabalhadores, nas associações, de início, depois, nas comunas, nas regiões, nas nações, e, enfim, em uma grande federação internacional e universal. Só então se realizará a verdadeira e vivificante ordem da liberdade e da felicidade geral, essa ordem que, longe de renegar, afirma, ao contrário, e põe em concordância, os interesses dos indivíduos e da sociedade.

Diz-se que o acordo e a solidariedade universal dos interesses dos indivíduos e da sociedade jamais poderão realizar-se de fato porque esses interesses, sendo contraditórios, não estão em condição de equilibrar-se por si mesmos, ou então, chegar a um entendimento qualquer. A tal objeção, responderei que se, até o presente, os interesses jamais estiveram, em parte alguma, em acordo mútuo, isso foi por causa do Estado, que sacrificou os interesses da maioria em proveito de uma minoria privilegiada. Eis por que essa famosa incompatibilidade e essa luta dos interesses pessoais com aqueles da sociedade são nada menos que um ludíbrio e uma mentira política, nascida da mentira teológica, que imaginou a doutrina do pecado original para desonrar o homem e destruir nele a consciência de seu próprio valor. Essa mesma falsa idéia de aliança desigual dos interesses foi também engendrada pelos sonhos da metafísica, que, como se sabe, é parente próximo da teologia. Desconhecendo a sociabilidade da natureza humana, a metafísica via a sociedade como um agregado mecânico e puramente artificial de indivíduos, associados de repente, em nome de um tratado qualquer formal ou secreto, concluído livremente ou então sob a influência de uma força superior. Antes de unir-se em sociedade, esses indivíduos, dotados de uma espécie de alma imortal, gozavam de inteira liberdade.

Mas se os metafísicos — sobretudo aqueles que crêem na imortalidade da alma — afirmam que os homens são, fora da sociedade, seres livres, chegamos inevitavelmente então a essa conclusão segundo a qual os homens só podem unir-se em sociedade sob a condição de renegar sua liberdade, sua independência natural, e sacrificar seus interesses, pessoais antes, locais depois. Tal renúncia e tal sacrifício de si mesmo deve ser, por isso mesmo, tanto mais imperioso quanto mais numerosa é a sociedade e sua organização mais complexa. Em tal caso, o Estado é a expressão de todos os sacrifícios individuais. Existindo sob tal forma abstrata, e ao mesmo tempo violenta, ele continua, é óbvio, a perturbar cada vez mais a liberdade individual em nome dessa mentira que denominam "felicidade pública", ainda que, de toda evidência, ela só represente exclusivamente o interesse da classe dominante. O Estado, desse modo, aparece-nos como uma inevitável negação e uma aniquilação de toda liberdade, de todo interesse, individual tanto quanto geral.

Vê-se aqui que, nos sistemas metafísicos e teológicos, tudo se liga e se explica por si mesmo. Eis por que os defensores lógicos desses sistemas podem e devem inclusive, com a consciência tranqüila, continuar a explorar as massas populares por intermédio da Igreja e do Estado. Enchendo seus bolsos e satisfazendo todos os seus sórdidos desejos, pode, ao mesmo tempo, consolar-se no pensamento de que penam pela glória de Deus, pela vitória da civilização e pela felicidade eterna do proletariado.

Mas nós que não cremos nem em Deus, nem na imortalidade da alma, nem na própria liberdade da vontade, afirmamos que a liberdade deve ser compreendida em sua acepção mais completa e mais ampla como objetivo do progresso histórico da humanidade. Por um estranho, ainda que lógico contraste, nossos adversários, idealistas da teologia e da metafísica, tomam o princípio da liberdade como fundamento e base de suas teorias, para concluir simplesmente na indispensabilidade da escravidão dos homens. Nós, materialistas na teoria, tendemos na prática a criar e a tornar durável um idealismo racional e nobre. Nossos inimigos, idealistas divinos e transcendentais, caem até no materialismo prático, sanguinário e vil, em nome da mesma lógica, segundo a qual cada desenvolvimento é a negação do princípio fundamental. Estamos convencidos de que toda a riqueza do desenvolvimento intelectual, moral e material do homem, assim como sua aparente independência, de que tudo isso é o produto da vida em sociedade.

Fora da sociedade, o homem não apenas não seria livre, como nem mesmo teria se transformado em homem verdadeiro, quer dizer, em ser que tem consciência de si mesmo, que sente, pensa e fala. O concurso da inteligência e do trabalho coletivo pôde, unicamente, forçar o homem a sair do estado de selvagem e bruto que constituía sua natureza primeira, ou então seu ponto inicial de desenvolvimento ulterior. Estamos profundamente convencidos dessa verdade segundo a qual toda a vida dos homens — interesses, tendências, necessidades, ilusões, besteiras, inclusive, bem como as violências, as injustiças e todas as ações que têm a aparência de ser voluntárias — representa apenas a conseqüência das forças fatais da vida em sociedade. As pessoas não podem admitir a idéia da independência mútua nem renegar a recíproca influência e a correlação das manifestações da natureza exterior.

Na própria natureza, essa maravilhosa correlação e filiação dos fenômenos não é alcançada, certamente, sem luta. Muito pelo contrário. A harmonia das forças da natureza só aparece como resultado verdadeiro dessa luta contínua, que é a própria condição da vida e do movimento. Na natureza e também na sociedade, a ordem sem luta é a morte.

Se, no universo, a ordem é natural e possível, é unicamente porque esse universo não é governado segundo qualquer sistema imaginado de antemão e imposto por uma vontade suprema. A hipótese teológica de uma legislação divina conduz a um absurdo evidente e à negação não apenas de toda ordem, mas da própria natureza. As leis naturais só são reais porque são inerentes à natureza, isto é, não são fixadas por qualquer autoridade. Essas leis são simples manifestações ou então contínuas modalidades do desenvolvimento das coisas e das combinações desses fatos muito variados, passageiros, mas reais. O conjunto constitui o que denominamos "natureza". A inteligência humana e sua ciência observaram esses fatos, controlaram-nos experimentalmente, depois os reuniram em um sistema e os denominaram leis. Mas a própria natureza não conhece absolutamente leis. Ela age inconscientemente, representando por si mesma a variedade infinita dos fenômenos, aparecendo e repetindo-se de uma maneira fatal. Eis por que, graças a essa inevitabilidade da ação, a ordem universal pode existir e existe de fato.

Tal ordem aparece também na sociedade humana, que, em aparência, evolui de uma maneira pretensamente antinatural, mas, na realidade, submete-se à marcha natural e inevitável das coisas. Só a superioridade do homem sobre os outros animais e a faculdade de pensar produziram em seu desenvolvimento um elemento particular, completamente natural, diga-se de passagem, nesse sentido que, como tudo o que existe, o homem representa o produto material da união e da ação das forças. Esse elemento particular é o raciocínio, ou então, essa faculdade de generalização e abstração graças à qual o homem pode projetar-se pelo pensamento, examinando-se e observando-se como um objeto exterior e estranho. Elevando-se pela idéia acima de si mesmo, bem como acima do mundo circundante, ele chega à representação da abstração perfeita, ao nada absoluto, e esse absoluto não é nada menos que a faculdade de abstrair que desdenha de tudo o que existe e, chegando à completa negação, ali encontra seu repouso. Já é o limite derradeiro da mais elevada abstração do pensamento; esse nada absoluto é Deus.

Eis o sentido e o fundamento histórico de toda doutrina teológica. Não compreendendo a natureza e as causas materiais de seus próprios pensamentos, nem mesmo se dando conta das condições ou leis naturais que lhes são especiais, eles não puderam decerto suspeitar, esses primeiros homens em sociedade, de que suas noções absolutas eram apenas o resultado da faculdade de conceber as idéias abstratas. Eis por que eles consideraram essas idéias extraídas da natureza como objetos reais diante dos quais a própria natureza cessava de ser alguma coisa. Puseram-se, em seguida, a adorar suas ficções, suas impossíveis noções de absoluto e a conceder-lhes todas as honras. Entretanto, era preciso, de uma maneira qualquer, figurar e tornar sensível a idéia abstrata de nada ou de Deus. Com esse objetivo, eles inflaram a concepção da divindade e dotaram-na, além disso, de todas as qualidades e forças, boas e más, que encontravam só na natureza e na sociedade. Tal foi a origem e o desenvolvimento histórico de todas as religiões, começando pelo fetichismo e acabando pelo cristianismo.

A COMUNA DE PARIS E A NOÇÃO DE ESTADO

Não temos a intenção de lançar-nos na história dos absurdos religiosos, teológicos e metafísicos, e ainda menos de falar da exibição sucessiva de todas as encarnações e visões divinas, criadas por séculos de barbárie. Todo mundo sabe que a superstição dava sempre origem a pavorosas desgraças e forçava a verter riachos de sangue e lágrimas. Diremos apenas que todos esses revoltantes desatinos da pobre humanidade foram fatos históricos inevitáveis no crescimento normal e na evolução dos organismos sociais. Tais desatinos engendraram na sociedade essa idéia fatal, dominando a imaginação dos homens, segundo a qual o universo era pretensamente governado por uma força e por uma vontade sobrenaturais. Os séculos sucederam-se e as sociedades habituaram-se a essa idéia a tal ponto que, enfim, elas mataram nelas toda tendência a um progresso mais distante, e toda capacidade de chegar a ele.

A ambição de alguns indivíduos, de início, de algumas classes sociais, em seguida, erigiram como princípio vital a escravidão e a conquista, e enraizaram, mais do que qualquer outra, essa terrível idéia da divindade. Desde então, toda sociedade foi impossível sem, como base, essas duas instituições: a Igreja e o Estado. Esses dois flagelos sociais são defendidos por todos os doutrinários.

Mal apareceram no mundo essas instituições e, de repente, duas castas organizaram-se: a dos sacerdotes e a dos aristocratas, que, sem perda de tempo, tiveram o cuidado de inculcar profundamente no povo subjugado a indispensabilidade, a utilidade e a santidade da Igreja e do Estado.

Tudo isso tinha por objetivo mudar a escravidão brutal por uma escravidão legal, prevista, consagrada pela vontade do Ser supremo.

Mas os sacerdotes e os aristocratas acreditam sinceramente nessas instituições que eles sustentavam com todas as suas forças, em seu interesse particular? Não eram apenas mentirosos e ludibriadores? Não, creio que eram ao mesmo tempo crentes e impostores. Eles criam, eles também, porque partilhavam natural e inevitavelmente os desatinos da massa, e só mais tarde, na época da decadência do mundo antigo, tornaram-se céticos e enganadores sem vergonha. Uma outra razão permite considerar os fundadores de Estados como pessoas sinceras. O homem crê sempre facilmente no que deseja e no que não contradiz seus interesses. Que ele seja inteligente e instruído, é a mesma coisa: por seu amor-próprio e por seu desejo de viver com seus próximos e aproveitar-se de seu respeito, ele crerá sempre no que lhe é agradável e útil. Estou convencido de que, por exemplo, Thiers e o governo de Versalhes esforçavam-se a todo custo para convencer-se de que matando em Paris alguns milhares de homens, mulheres e crianças, eles salvavam a França.

Mas se os sacerdotes, os áugures, os aristocratas e os burgueses, dos velhos e novos tempos, puderam crer sinceramente, permaneceram, contudo, sicofantas. Não se pode admitir, com efeito, que eles tenham crido em cada absurdo que a fé e a política constituíram. Não falo nem sequer da época em que, segundo as palavras de Cícero, "dois áugures não podiam se ver sem rir". Nem mesmo da época da ignorância e da superstição geral; é difícil supor que os inventores de milagres cotidianos tenham sido convencidos da realidade desses milagres. Pode-se dizer a mesma coisa da política, que pode ser resumida na seguinte regra: "É preciso subjugar e espoliar o povo de tal modo que ele não se queixe muito alto de seu destino, que ele não esqueça de submeter-se e não tenha tempo para pensar na resistência e na revolta".

Como imaginar, depois disso, que pessoas que transformaram a política em um ofício e conhecem seu objetivo — isto é, a injustiça, a violência, a mentira, a traição, o assassinato em massa e isolado — possam crer sinceramente na arte política e na sabedoria do Estado gerador da felicidade social? Eles não podem ter chegado a esse grau de estupidez, malgrado toda a sua crueldade. A Igreja e o Estado foram em todos os tempos grandes escolas de vícios. A história está aí para atestar seus crimes. Em toda a parte e sempre o sacerdote e o homem de Estado foram os inimigos e os carrascos conscientes, sistemáticos, implacáveis e sanguinários dos povos.

Todavia, como conciliar, apesar de tudo, duas coisas em aparência tão incompatíveis: ludibriadores e ludibriados, mentirosos e crentes? Logicamente, isso parece difícil; todavia, de fato, quer dizer, na vida prática, essas qualidades muito amiúde se encontram.

Em sua enorme maioria, as pessoas vivem em contradição consigo mesmas e em contínuos mal-entendidos; elas geralmente não os observam, até que algum acontecimento extraordinário tire-as de sua sonolência habitual e force-as a dar uma olhada nelas e em torno delas.

Em política como em religião, os homens são apenas máquinas nas mãos dos exploradores. Entretanto, ladrões e vítimas, opressores e oprimidos, vivem uns ao lado dos outros, governados por um punhado de indivíduos que convém considerar como autênticos exploradores. São as mesmas pessoas, livres de todos os preconceitos, políticos e religiosos, que maltratam e oprimem conscientemente. Nos séculos XVII e XVIII, até a explosão da Grande Revolução, como em nossos dias, elas comandam na Europa e agem quase à sua guisa. Deve-se crer que sua dominação não se prolongará por muito tempo.

Enquanto os principais chefes enganam e arruínam os povos em toda consciência, seus servidores, ou as criaturas da Igreja e do Estado, aplicam-se com zelo a sustentar a santidade e a integridade dessas odiosas instituições. Se a Igreja, segundo os dizeres dos padres e da maioria dos homens de Estado, é necessária à salvação da alma, o Estado, por sua vez, é também necessário para a conservação da paz, da ordem e da justiça; e os doutrinários de todas as escolas exclamam: "Sem Igreja e Governo não há civilização nem progresso."

Não temos por que discutir o problema da salvação eterna, porquanto não cremos na imortalidade da alma. Estamos convictos de que a mais nociva das coisas, para a humanidade, para a verdade e o progresso, é a Igreja. E pode ser diferente? Não é à Igreja que se incumbe do cuidado de perverter as jovens gerações, sobretudo as mulheres? Não é ela que, por seus dogmas, suas mentiras, sua estupidez e sua ignomínia, tende a matar o raciocínio lógico e a ciência? Ela não atenta contra a dignidade do homem, pervertendo nele a noção dos direitos e da justiça? Não transforma em cadáver o que está vivo, não arruína a liberdade, não é ela quem prega a escravidão eterna das massas em benefício dos tiranos e dos exploradores? Não é ela, essa implacável Igreja, que tende a perpetuar o reinado das trevas, da ignorância, da miséria e do crime?

E se o progresso de nosso século não é um sonho mentiroso, ele deve acabar com a Igreja.

COLEÇÃO DE BOLSO HEDRA

1. *Iracema*, Alencar
2. *Don Juan*, Molière
3. *Contos indianos*, Mallarmé
4. *Auto da barca do Inferno*, Gil Vicente
5. *Poemas completos de Alberto Caeiro*, Pessoa
6. *Triunfos*, Petrarca
7. *A cidade e as serras*, Eça
8. *O retrato de Dorian Gray*, Wilde
9. *A história trágica do Doutor Fausto*, Marlowe
10. *Os sofrimentos do jovem Werther*, Goethe
11. *Dos novos sistemas na arte*, Maliévitch
12. *Mensagem*, Pessoa
13. *Metamorfoses*, Ovídio
14. *Micromegas e outros contos*, Voltaire
15. *O sobrinho de Rameau*, Diderot
16. *Carta sobre a tolerância*, Locke
17. *Discursos ímpios*, Sade
18. *O príncipe*, Maquiavel
19. *Dao De Jing*, Laozi
20. *O fim do ciúme e outros contos*, Proust
21. *Pequenos poemas em prosa*, Baudelaire
22. *Fé e saber*, Hegel
23. *Joana d'Arc*, Michelet
24. *Livro dos mandamentos: 248 preceitos positivos*, Maimônides
25. *O indivíduo, a sociedade e o Estado, e outros ensaios*, Emma Goldman
26. *Eu acuso!*, Zola — *O processo do capitão Dreyfus*, Rui Barbosa
27. *Apologia de Galileu*, Campanella
28. *Sobre verdade e mentira*, Nietzsche
29. *O princípio anarquista e outros ensaios*, Kropotkin
30. *Os sovietes traídos pelos bolcheviques*, Rocker
31. *Poemas*, Byron
32. *Sonetos*, Shakespeare
33. *A vida é sonho*, Calderón
34. *Escritos revolucionários*, Malatesta
35. *Sagas*, Strindberg
36. *O mundo ou tratado da luz*, Descartes
37. *O Ateneu*, Raul Pompeia
38. *Fábula de Polifemo e Galateia e outros poemas*, Góngora
39. *A vênus das peles*, Sacher-Masoch
40. *Escritos sobre arte*, Baudelaire
41. *Cântico dos cânticos*, [Salomão]
42. *Americanismo e fordismo*, Gramsci
43. *O princípio do Estado e outros ensaios*, Bakunin
44. *O gato preto e outros contos*, Poe
45. *História da província Santa Cruz*, Gandavo
46. *Balada dos enforcados e outros poemas*, Villon
47. *Sátiras, fábulas, aforismos e profecias*, Da Vinci
48. *O cego e outros contos*, D.H. Lawrence

49. *Rashômon e outros contos*, Akutagawa
50. *História da anarquia (vol. 1)*, Max Nettlau
51. *Imitação de Cristo*, Tomás de Kempis
52. *O casamento do Céu e do Inferno*, Blake
53. *Cartas a favor da escravidão*, Alencar
54. *Utopia Brasil*, Darcy Ribeiro
55. *Flossie, a Vênus de quinze anos*, [Swinburne]
56. *Teleny, ou o reverso da medalha*, [Wilde et al.]
57. *A filosofia na era trágica dos gregos*, Nietzsche
58. *No coração das trevas*, Conrad
59. *Viagem sentimental*, Sterne
60. *Arcana Cœlestia e Apocalipsis revelata*, Swedenborg
61. *Saga dos Volsungos*, Anônimo do séc. XIII
62. *Um anarquista e outros contos*, Conrad
63. *A monadologia e outros textos*, Leibniz
64. *Cultura estética e liberdade*, Schiller
65. *A pele do lobo e outras peças*, Artur Azevedo
66. *Poesia basca: das origens à Guerra Civil*
67. *Poesia catalã: das origens à Guerra Civil*
68. *Poesia espanhola: das origens à Guerra Civil*
69. *Poesia galega: das origens à Guerra Civil*
70. *O chamado de Cthulhu e outros contos*, H.P. Lovecraft
71. *O pequeno Zacarias, chamado Cinábrio*, E.T.A. Hoffmann
72. *Tratados da terra e gente do Brasil*, Fernão Cardim
73. *Entre camponeses*, Malatesta
74. *O Rabi de Bacherach*, Heine
75. *Bom Crioulo*, Adolfo Caminha
76. *Um gato indiscreto e outros contos*, Saki
77. *Viagem em volta do meu quarto*, Xavier de Maistre
78. *Hawthorne e seus musgos*, Melville
79. *A metamorfose*, Kafka
80. *Ode ao Vento Oeste e outros poemas*, Shelley
81. *Oração aos moços*, Rui Barbosa
82. *Feitiço de amor e outros contos*, Ludwig Tieck
83. *O corno de si próprio e outros contos*, Sade
84. *Investigação sobre o entendimento humano*, Hume
85. *Sobre os sonhos e outros diálogos*, Borges — Osvaldo Ferrari
86. *Sobre a filosofia e outros diálogos*, Borges — Osvaldo Ferrari
87. *Sobre a amizade e outros diálogos*, Borges — Osvaldo Ferrari
88. *A voz dos botequins e outros poemas*, Verlaine
89. *Gente de Hemsö*, Strindberg
90. *Senhorita Júlia e outras peças*, Strindberg
91. *Correspondência*, Goethe — Schiller
92. *Índice das coisas mais notáveis*, Vieira
93. *Tratado descritivo do Brasil em 1587*, Gabriel Soares de Sousa
94. *Poemas da cabana montanhesa*, Saigyō
95. *Autobiografia de uma pulga*, [Stanislas de Rhodes]
96. *A volta do parafuso*, Henry James
97. *Ode sobre a melancolia e outros poemas*, Keats
98. *Teatro de êxtase*, Pessoa

99. *Carmilla — A vampira de Karnstein*, Sheridan Le Fanu
100. *Pensamento político de Maquiavel*, Fichte
101. *Inferno*, Strindberg
102. *Contos clássicos de vampiro*, Byron, Stoker e outros
103. *O primeiro Hamlet*, Shakespeare
104. *Noites egípcias e outros contos*, Púchkin
105. *A carteira de meu tio*, Macedo
106. *O desertor*, Silva Alvarenga
107. *Jerusalém*, Blake
108. *As bacantes*, Eurípides
109. *Emília Galotti*, Lessing
110. *Contos húngaros*, Kosztolányi, Karinthy, Csáth e Krúdy
111. *A sombra de Innsmouth*, H.P. Lovecraft
112. *Viagem aos Estados Unidos*, Tocqueville
113. *Émile e Sophie ou os solitários*, Rousseau
114. *Manifesto comunista*, Marx e Engels
115. *A fábrica de robôs*, Karel Tchápek
116. *Sobre a filosofia e seu método — Parerga e paralipomena (v. II, t. 1)*, Schopenhauer
117. *O novo Epicuro: as delícias do sexo*, Edward Sellon
118. *Revolução e liberdade: cartas de 1845 a 1875*, Bakunin
119. *Sobre a liberdade*, Mill
120. *A velha Izerguil e outros contos*, Górki
121. *Pequeno-burgueses*, Górki
122. *Um sussurro nas trevas*, H.P. Lovecraft
123. *Primeiro livro dos Amores*, Ovídio
124. *Educação e sociologia*, Durkheim
125. *Elixir do pajé — poemas de humor, sátira e escatologia*, Bernardo Guimarães
126. *A nostálgica e outros contos*, Papadiamántis
127. *Lisístrata*, Aristófanes
128. *A cruzada das crianças/ Vidas imaginárias*, Marcel Schwob
129. *O livro de Monelle*, Marcel Schwob
130. *A última folha e outros contos*, O. Henry
131. *Romanceiro cigano*, Lorca
132. *Sobre o riso e a loucura*, [Hipócrates]
133. *Hino a Afrodite e outros poemas*, Safo de Lesbos
134. *Anarquia pela educação*, Élisée Reclus
135. *Ernestine ou o nascimento do amor*, Stendhal
136. *A cor que caiu do espaço*, H.P. Lovecraft
137. *Odisseia*, Homero
138. *História da anarquia (vol. 2)*, Max Nettlau

Edição _ André Fernandes
e Jorge Sallum

Capa e projeto gráfico _ Júlio Dui e Renan Costa Lima

Imagem de capa _ Comuna de Paris, Barricada de Belleville, 1871

Programação em LaTeX _ Marcelo Freitas

Consultoria em LaTeX _ Roberto Maluhy Jr.

Revisão _ Lilian Aquino, Alexandre Barbosa

Assistência editorial _ Bruno Oliveira

Colofão _ Adverte-se aos curiosos que se imprimiu esta obra em nossas oficinas em 28 de novembro de 2011, em papel off-set 90 g/m², composta em tipologia Minion Pro, em GNU/Linux (Gentoo, Sabayon e Ubuntu), com os softwares livres LaTeX, DeTeX, vim, Evince, Pdftk, Aspell, svn e TRAC.